高等职业教育
价值认同研究

黄平平 著

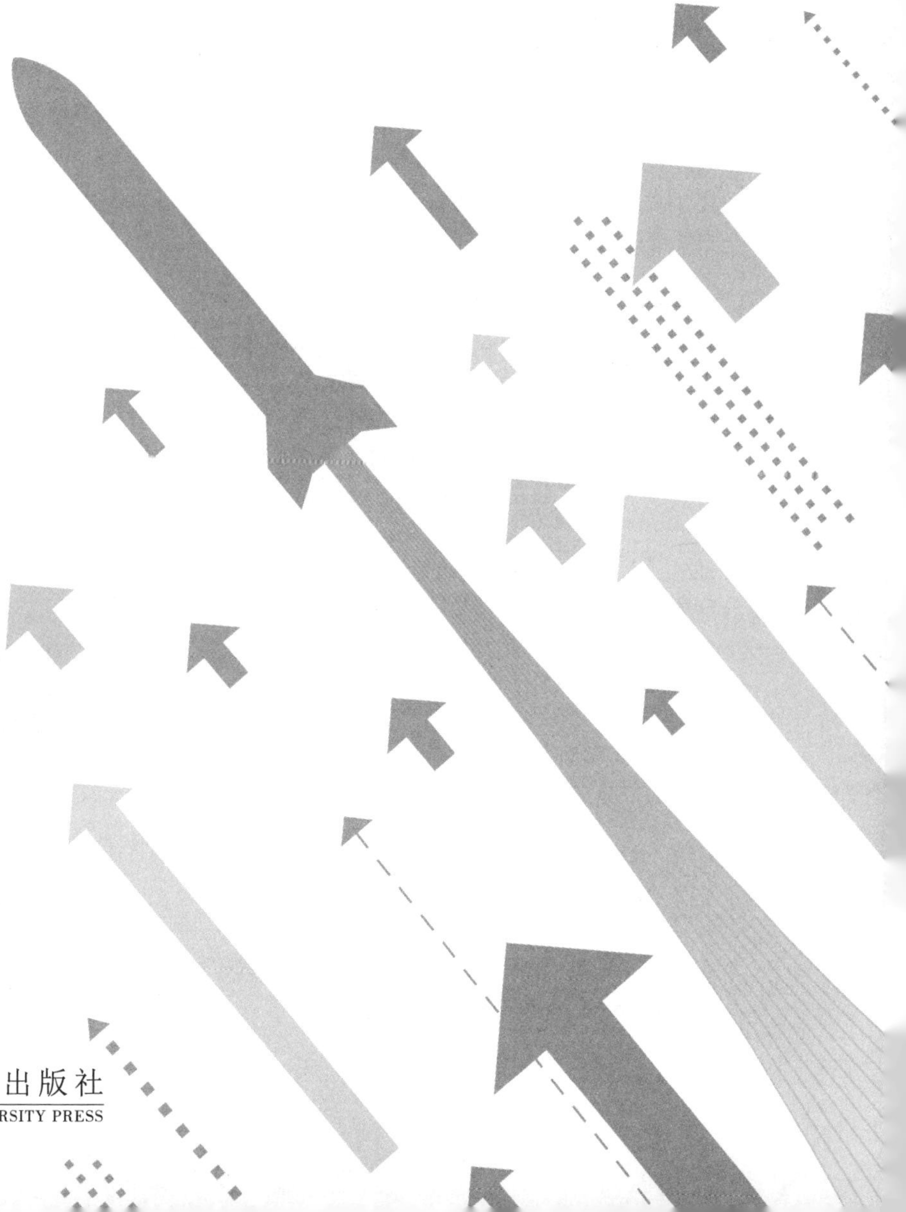

四川大学出版社

图书在版编目（CIP）数据

高等职业教育价值认同研究 / 黄平平著. — 成都：四川大学出版社，2023.6
ISBN 978-7-5690-6155-0

Ⅰ.①高… Ⅱ.①黄… Ⅲ.①高等职业教育－社会主义建设－价值论－教学研究－中国 Ⅳ.①D616

中国国家版本馆CIP数据核字（2023）第100586号

书　　名：	高等职业教育价值认同研究
	Gaodeng Zhiye Jiaoyu Jiazhi Rentong Yanjiu
著　　者：	黄平平

选题策划：梁　平
责任编辑：孙滨蓉
责任校对：杨　果
装帧设计：裴菊红
责任印制：王　炜

出版发行：四川大学出版社有限责任公司
　　　　　地址：成都市一环路南一段24号（610065）
　　　　　电话：（028）85408311（发行部）、85400276（总编室）
　　　　　电子邮箱：scupress@vip.163.com
　　　　　网址：https://press.scu.edu.cn
印前制作：四川胜翔数码印务设计有限公司
印刷装订：四川五洲彩印有限责任公司

成品尺寸：170 mm×240 mm
印　　张：10.5
字　　数：200千字
版　　次：2023年8月 第1版
印　　次：2023年8月 第1次印刷
定　　价：58.00元

本社图书如有印装质量问题，请联系发行部调换

版权所有◆侵权必究

扫码获取数字资源

四川大学出版社
微信公众号

序　言

现阶段，我国政府明确了高等职业教育在国家战略体系中的地位，通过各种途径积极推进高等职业教育发展，高等职业教育在数量和规模方面也取得长足进步，高等职业教育教学质量和教学效果稳步提升，社会民众对高等职业教育的认同度也在逐步提高。要进一步提高人们对高等职业教育的认同度，探究高等职业教育价值认同生成的根源至关重要。

高等职业教育价值可分为工具价值和本体价值。通过对高等职业教育价值认同的现实考察，笔者发现高等职业教育形成了独特的价值认同发展脉络。在此过程中，高等职业教育的工具价值一直被高度认同，相反，高等职业教育的本体价值却被忽视或消解。经过分析得出，文化是影响高等职业教育价值认同的重要因素，文化浸染使得高等职业教育价值选择偏离了应有的价值目标。基于以上研究结论，笔者确立了高等职业教育工具价值和本体价值二元融合的应然价值认同，提出了理想高等职业教育价值认同的基本条件、内容维度和理想目标，探寻了未来高等职业教育价值认同的通达之径。本书一共分为六章，主要从以下三个部分进行论述。

第一部分：基本概念研究，主要包括第一章和第二章。本部分主要探讨高等职业教育价值认同研究的基本概念。首先，从高等职业教育基本概念分析出发，确定了高等职业教育是以人的生命发展为目的的研究立场。在21世纪中国特色社会主义时代背景下，高等职业教育不回避其工具性价值，但不是简单的"技术培训式"的"谋生"价值认同，而是引导学生追求生命价值和生命意义的本体价值，这是高等职业教育的基本价值。因此，提出价值认同是分析高等职业教育内涵发展的一个重要切入口。其次，论述了客观的高等职业教育主要主体是学生，而实际高等职业教育主体却是多元的，不同主体根据自己的利益诉求选择高等职业教育价值。因此，运用利益相关者理论确定实际高等职业教育价值的主体。最后，论述了文化与教育、价值之间天然而密切的关系，重点阐释了将文化分层理论作为分析高等职业教育价值认同生成根源的理论依据。

第二部分：高等职业教育价值认同现实情况及其根源的具体分析，主要包括第三章和第四章。本部分通过对改革开放以来高等职业教育价值认同的历史梳理和现实考察，分析推论出，一直以来人们高度认同高等职业教育促进国家建设、社会经济发展的工具价值，而对高等职业教育的本体价值认同度不高。高等职业教育价值认同产生偏差的根源是中国传统文化中社会等级性对高等职业教育的消极影响，导致高等职业教育主体缺位，个体缺乏意识。因此，运用博弈论分析高等职业教育价值认同形成过程中不同主体间的博弈，探寻高等职业教育价值认同产生偏差的深层根源。

第三部分：高等职业教育价值认同的理论建构和现实回应，主要包括第五章和第六章。本部分重点阐述了高等职业教育学生主体性的归位，政治、经济、文化等社会条件的有力支撑，以及人对善、生命意蕴、自由的追求是理想的高等职业教育价值认同的基本条件；基于高等职业教育的职业性和教育性，提出职业资格、社会价值和本体价值是理想的高等职业教育价值认同的内容维度；论证了公平是高等职业教育追求的永恒目标，以公平理念为指导实现公共利益与私益的统一，最终达成价值与利益整合是高等职业教育价值认同的理想目标。此外，结合我国高等职业教育价值认同的具体情况，进一步从高等职业教育观念层面、行为层面和制度层面进行探索，提出未来高等职业教育价值认同的发展理路。

目 录

第一章 高等职业教育价值认同问题的提出 …………………… (001)
  第一节 问题概述 ……………………………………………… (001)
  第二节 研究综述 ……………………………………………… (006)
  第三节 概念界定 ……………………………………………… (024)
  第四节 研究设计 ……………………………………………… (028)

第二章 高等职业教育价值认同的理论依据 …………………… (033)
  第一节 价值认同理论 ………………………………………… (033)
  第二节 利益相关者理论 ……………………………………… (038)
  第三节 文化分层理论 ………………………………………… (041)
  第四节 分析框架 ……………………………………………… (044)

第三章 高等职业教育价值认同的现实考察 …………………… (046)
  第一节 改革开放以来高等职业教育价值认同 ……………… (046)
  第二节 高等职业教育价值认同的现状考察 ………………… (053)

第四章 高等职业教育价值认同偏差及根源分析 ……………… (068)
  第一节 高等职业教育工具价值的惯性追求 ………………… (068)
  第二节 高等职业教育价值认同的文化根源 ………………… (076)

第五章　高等职业教育价值认同的理论建构 (090)
第一节　高等职业教育价值认同的基本条件 (090)
第二节　高等职业教育价值认同的内容维度 (099)
第三节　高等职业教育价值认同的理想目标 (108)

第六章　高等职业教育价值认同偏差的应对 (119)
第一节　国外职业教育价值认同启示 (119)
第二节　"二元融合"的价值观念 (125)
第三节　"生命发展"的行为实践 (129)
第四节　"以人为本"的制度建设 (135)

结　论 (140)
参考文献 (142)
附　录 (144)
后　记 (160)

第一章 高等职业教育价值认同问题的提出

本章主要阐述了高等职业教育价值认同的研究缘由、核心概念界定及研究整体框架设计,提出期望通过历史研究法、调查研究法、文本分析法和比较研究法,探析高等职业教育价值认同生成背后的深层根源,并探索建构高等职业教育价值认同理论框架;提出通过高等职业教育价值认同作为研究的切入口,解释和提升中国高等职业教育价值认同度,关注高等职业教育主体。

第一节 问题概述

高等职业教育是教育体系的重要组成部分,然而目前中国高等职业教育价值认同并不理想。通过已有研究和考察,笔者认为价值认同是该问题的一个重要切入口,它既涉及现实社会环境方面的问题,也涉及传统文化观念对高等职业教育价值选择的影响。

一、高等职业教育价值认同现状

高等职业教育的健康发展,一方面需要国家积极推进,另一方面需要社会民众的积极认可和接受。

(一)国家明确高等职业教育在战略体系中的地位

国家高度重视高等职业教育,通过各种途径积极推进高等职业教育发展。从出台的相关政策来看,2019年1月,国务院印发了《国家职业教育改革实施方案》，提出 20 条职业教育改革的具体举措，明确强调职业教育与普通教育是两种不同的教育类型，具有同等重要的地位。2019 年 2 月，中共中央、国务院印发的《中国教育现代化 2035》提出，职业教育应当增强责任感和使命感，面向 2035 年积极推进现代化建设。2019 年 5 月，教育部等六部门印发了《高职扩招专项工作实施方案》，提出高等职业教育大规模扩招 100 万人，重点布局在优质高职院校，区域经济急需、民生紧缺、就业率高的专业，以及贫困地区。2019 年 7 月，财政部、教育部印发《关于调整职业院校奖助学金政策的通知》，提出扩大高等职业教育院校奖助学金覆盖面，提高补助标准。面对我国社会经济全面转型发展的宏观背景和全民创新创业的社会浪潮，高等职业教育被赋予了时代责任，政府部门从宏观层面确立了高等职业教育的地位。

（二）选择高等职业教育的学生

尽管高等职业教育在促进社会经济发展方面发挥了巨大作用，高等职业教育的规模得到长足发展，但是社会民众对高等职业教育的社会认同度较低。在对学生家长的调查中，希望自己的子女进入中、高职学校学习的家长不到 5%；自愿选择到中、高职学校就读的只有 10.5% 的学生；在被调查者当中，真正想到中、高职学校就读的学生只占 0.3% 和 0.6%。[①] 据四川省教育考试院官网公布的 2019 年高考录取情况，虽然高等职业院校录取分数线已经降到 180 分，但是仍有 29 所高等职业院校没有完成招生计划。在对高等职业学校在校生展开调查的过程中发现，大部分学生之所以选择接受高等职业教育，是因为没有考上普通高等学校。也有一些学生到高等职业院校学习的目的是在完成高等职业教育后获得升入本科学校的机会。因此，很大一部分学生选择高等职业教育充满无奈。

（三）高等职业院校的教师

已有研究表明，一部分高等职业院校教师对职业身份存在自卑心理。很多研究认为高等职业院校在各种境遇中都处于"被边缘化"的状态，导致教师产生自卑心理。资源越少者机会越少，发展越慢；相反，资源越多者机会越多，发展越快，这种滚雪球式的社会资源配置方式进一步加剧了这一状况。张等菊认为高等职业院校教师通过主动依靠普通高等院校来提高社会认可，他们在碎

---

① 陈健玲：《科学完善职业教育政策研究》，《中小企业管理与科技（上旬刊）》，2015 年第 1 期，第 285～286 页。

片式的镜像中游走，这种爱恨参半、不情愿但无奈的情怀充斥着高等职业院校，影响着高等职业院校教师的心理状态。① 张玲燕、肖颖、杨晓认为高等职业院校教师在社会支持、认可方面略显不足。虽然国家在宏观政策上加大了对高等职业院校教师的支持力度，如增加培训机会、引进人才等，但由于不同教师个体对于社会支持的感受不同，以及在支持资源的利用程度方面存在差异，高等职业院校教师自我感受的社会支持存在偏差。②

二、高等职业教育价值理论的缺乏

价值理论是高等职业教育价值认同研究的理论基础，但已有研究中高等职业教育价值认同的讨论仅仅停留在价值本身，而对价值背后主体认定的探讨是缺失的。高等职业教育的价值主体是谁，就应该围绕该主体展开高等职业教育。目前关于这方面的研究尚有不足，缺乏相关理论对高等职业教育价值主体的理论支撑。

（一）高等职业教育价值主体的偏失

在高等职业教育产生和发展的过程中，多以国家为主体，忽视了学生个体的主体地位。首先，高等职业教育产生于国家发展的需要。洋务运动时期，开启了中国高等职业教育的探索之路。从实业救国开始，人们认为高等职业教育是挽救民族危亡、拯救中国贫穷与衰败的重要途径。其次，高等职业教育发展基于提升国际竞争力的需要。大力发展高等职业教育，从而满足国家提升国际竞争力的需要，成为我国经济发展的必然选择。最后，高等职业教育发展是国家经济发展的需要。新时代背景下，面对我国社会经济全面转型发展的宏观背景和全民创新创业的社会浪潮，我国社会经济已进入改革的攻坚期和深水区，社会经济转型发展的程度更深、层次更高，任务也更为艰巨，高等职业教育被赋予了国家战略使命。总之，高等职业教育在产生和发展的过程中，主要考虑了国家的需要，而对高等职业教育中学生个体发展的需要考虑得较少。

---

① 张等菊：《我国高等职业教育的身份认同及生存立场研究》，《教育发展研究》，2016年第7期，第73~78页。
② 张玲燕、肖颖、杨晓：《高职院校教师职业认同研究综述》，《职教通讯》，2020年第1期，第71~77页。

（二）高等职业教育价值内容的缺失

高等职业教育价值内容是由其价值主体展开的，高等职业教育价值的主要主体是国家和个人，所以在高等职业教育价值的内容中，主要是满足国家经济发展和个人生计的需要。首先，对于国家而言，高等职业教育价值的内容是满足国家经济发展的需要。高等职业教育在"服务区域经济""以就业为导向"等教育理念下，其价值的内容主要是服务经济发展、解决就业等问题，具体体现在高等职业教育的课程设置上。高等职业教育通过"双证融通""现代学徒制"等教学模式指导学生，其课程设置、教学过程等主要围绕当下国家经济发展中需要的技术技能。其次，对于个人而言，高等职业教育价值的内容是满足个体谋求生计的需要。尼采提出"为了生存，为了进行生存斗争，人必须多多学习；可是他作为个体为这个目的所学所做的一切仍与教育毫不相干。相反，唯有在一个超越于这个窘迫、必需、生存斗争世界的大气层里，教育才开始"①。尼采认为真正的教育应该是一个纤足的仙女，而这种以谋生为目标的"教育"只是"一个可供使唤的丫鬟"，"一个有智识的女仆，生计、收益、需求方面的女管家"②。在学生的认知中，高等职业教育无疑是他们谋求未来生计的重要手段。虽然学生选择高等职业教育是为了谋求生计，但在现实中，他们微薄的收入和无望的发展空间使得他们满足生计也很艰难。

（三）高等职业教育价值目的的窄化

高等职业教育价值目的是围绕高等职业教育主体国家的需要展开的。首先，高等职业教育价值目的是促进国家的建设和发展。高等职业教育是否符合国家利益，是否能够提升我国国际竞争力，是否能适应当前我国经济调整和社会转型，成为衡量高等职业教育价值的重要指标。然而，这一评价标准无处不体现着国家的利益。其次，高等职业教育价值目的是个体谋求生存。学生主体主要考虑的是未来生活生计，在高考成绩不理想的前提下而选择高等职业教育，以解决自身学历、生存技术技能需要。基于以上情况，学生对高等职业教育价值认同的出发点和目的都指向了个体生存。高等职业教育价值目的围绕其主体展开，主要体现在实现国家利益和个体生存两方面，从而使得高等职业教育价值目的的窄化。

---

① 弗里德里希·尼采：《教育何为？》，周国平译，北京十月文艺出版社，2019年。
② 同上。

高等职业教育价值主体的偏失,忽视了学生、教师主体的需要,导致高等职业教育价值内容和目的都围绕国家利益展开,从而忽略了高等职业教育学生主体对生命价值和生命意义的追求。

三、高等职业教育中教育本真的消解

高等职业教育的核心是教育,高等职业教育价值认同来自人们对教育本真的理解水平。然而当下人们对高等职业教育的理解仅停留在政治、经济、谋生的基础之上,所以重新探究高等职业教育中教育的本真具有重要价值。

(一)高等职业教育的价值认同来自对教育的理解

高等职业教育的价值认同来自人们如何理解教育。高等职业教育的核心是教育,高等职业教育是教育的一种类型。高等职业教育的定位来自对高等职业教育中教育本真的理解和认识,高等职业教育内隐的教育价值承载着满足个体的个性需求的重任。首先,高等职业教育是教育公平的需要。不同的教育类型,不同学生群体,应该有相应的教育类型和评价标准。以现有考试体系为教育评价的标准,衡量所有学生群体,将导致对学生评价的片面性,导致高等职业教育定位偏离其应有的社会地位。其次,高等职业教育促进教育和谐。社会和谐发展需要社会整体进步和提升,因此要遵循"全纳教育"的教育观念,从而促进教育的和谐发展。教育和谐主要指的是教育的全面性,要兼顾高等职业教育和普通高等教育不同的教育类型,共同发展。在现实情况和已有研究中,过分强调高等职业教育的职业性,强调高等职业教育的社会功能,却忽视了高等职业教育的教育性,导致人们对高等职业教育价值认同出现偏差。

(二)教育本真的消解导致高等职业教育价值的偏失

由于人们对教育本真理解的不全面,高等职业教育价值出现偏失。教育哲学强调将教育与人的存在关系放置在所有教育问题之前讨论。石中英提出,教师不能将自己定位为教育的工具人,认为自己是肩负着社会功能的人,教师作为教育中的人而存在着……教育一方面要引导人提高其生存能力,另一方面还要帮助他们提高其存在的智慧,教育者不能仅以功利化或功能化的眼光来看待享受教育的人,应该以存在的眼光来看待教师和学生。[①] 高等职业教育不应只

---

① 石中英:《人作为人的存在及其教育》,《北京大学教育评论》,2003年第2期,第19~23页。

关注社会功能，过分强调其经济价值，还要关注教育中人的存在，即学生和教师的存在。高等职业教育不应将提高学生生存能力作为唯一目的，还应该帮助他们提高其存在的智慧；高等职业教育不应将教师作为工具人，还应该意识到教师是能帮助学生开发智慧的存在。因此，只有对教育本真进行深刻理解，才能全面理解高等职业教育的价值，才能科学准确地定位高等职业教育。

综上所述，无论是国家对高等职业教育的认可，还是社会民众对高等职业教育价值评价有待提高的追问，抑或从价值理论和教育本真理论对高等职业教育价值及其定位的重新思考，促使笔者进一步了解我国高等职业教育价值认同的历史和现实状况，探究其产生的深层根源。

第二节　研究综述

本研究是探讨高等职业教育价值认同问题，包含了"教育""高等职业教育""价值认同"等关键词，笔者根据这些关键词构成了几组逻辑关系，形成文献检索思路，通过中国期刊全文数据库、中国优秀硕博士论文全文数据库进行关键词及相关领域关键研究者的检索，根据检索结果从价值认同理论、高等职业教育、高等职业教育价值认同三个主题进行了文献梳理，并进行简要分析，从而形成本研究的理论基础和理论起点。

一、文献检索思路、过程及结果

高等职业教育认同问题的发现、追踪以及未来假设，在文献检索中包括四个核心概念（教育学、价值认同、高等职业教育、文化）及其相互关系：教育与文化、高等职业教育与文化、价值认同与文化、教育学中的高等职业教育。

根据这四个核心概念及其相互关系，笔者使用高级检索功能，从核心概念和关键人物两个维度进行了检索，核心概念检索部分包括教育学、价值认同、文化、高等职业教育、高等职业教育价值认同；关键人物检索包括卢梭、洛克、罗尔斯、弗洛伊德、埃里克森、泰弗尔、纳特、泰勒、吉登斯、杜威等，以及孔子、梁启超、蔡元培、陶行知、石中英、邬大光、潘懋元、姜大源、石伟平、徐国庆等。综合这两个维度，对与认同相关的主题进行了检索，其中中文数据库包括中国期刊全文数据库、中国优秀硕博士论文全文数据库、中国知网、万方数据、维普网,外文数据库包括 EBSCO、Science Direct、JSTOR、ERIC 等。

笔者对以上关键词和关键人物进行搜索,共检索出中文硕博士论文 1000 余篇,期刊论文 6000 余篇,通过对学科、年份、主题、期刊等级等四个方面的结果筛选,同时根据核心资料的参考文献,运用"引文查找"的方法,共得到中文硕博士论文 100 余篇,期刊论文 300 余篇,内容基本涵盖了中国当前已有的对该问题研究的重要成果。自 1988 年至今,学者对"高等职业教育价值认同"问题的回答,主要集中于哲学领域和教育学领域。哲学领域的主要研究主题为西方主要哲学家对"教育价值"概念、"认同"概念的解释与梳理,教育学领域的主要研究主题为教育与职业认同、教育与文化认同、教育与价值认同、高等职业教育价值等。

在英文检索中,共查找到包括书籍在内的索引两万余条,同样通过布尔逻辑、全文、学术、参考、年份等进行二次筛选,共得到英文论文 150 余篇,基本涵盖了自 20 世纪 80 年代以来国外学者对该问题的重要研究成果。其研究的主要议题为认同的哲学思维、认同的基本理论、文化认同、职业教育与认同、身份认同、价值认同等。

二、基本主题

通过对查阅到的文献进行年份、作者、关键词、主题、核心概念、主要解决问题、研究方法等七个方面的系统梳理和相关分析,本研究最终确立了三个与该问题相关的基本主题。一是价值认同理论,核心内容包括价值认同的本质内涵、认同主体、认同客体等。二是高等职业教育,内容与本研究核心问题密切相关,认为对高等职业教育认识和理解是高等职业教育认同的基本前提。三是高等职业教育价值认同,包括高等职业教育价值认同的现状、高等职业教育价值认同结果的原因分析、高等职业教育价值认同度提升路径等。

(一)关于价值认同理论的研究

对价值认同相关研究的梳理,首先要从"认同"和"价值"的研究开始。认同和价值的研究已久,成果颇丰,只有梳理清楚认同和价值的研究脉络,才能较好地把握价值认同。

1. 关于认同理论的研究

关于认同理论的研究，大体可以分为三类：第一，从哲学的视角出发，强调认同是外在物与内在心灵的有机体，认为认同是在同一时空内，在大家共识的道德空间内，人的自我心灵的同一。第二，从心理学的视角出发，强调认同是在外在环境影响下，人的认识、情感、行动等方面接受和认可的心理的动态的复杂过程。第三，从社会学的视角出发，强调认同是社会中个体通过社会分类来识别环境，最终建立起相应的社会认同。

哲学范畴中，关于认同的理解有以下几个代表性观点。约翰·洛克（John Locke）认为"Identity"与哲学中身心和自我问题联系在一起。在洛克的认识里，"Identity"只是由持续飞逝的物质颗粒构成同一个连续的生命过程，在此过程中联合成为一个有机体。他认为，人的心灵若只是一个过程，自我区别于他人的规定性又从何而来呢？自此，自我的同一性成为研究的问题。① 大卫·休谟（David Hume）则将心灵比作舞台，各种知觉接连出现又倏然逝去。因此他认为在同一时间内，心灵是没有单纯性的，而在不同的时间内，它也没有同一性。在休谟的新论中，人们更是没有同一的心灵，同一只是接续的虚构。被假设为同一的心灵，只是由持续不断的部分组成，是由类似关系和因果关系联系在一起的。② 泰勒在《自我的根源：现代认同的形成》一书中提出，现代性境遇中主体作为现代性动力与组成部分，对善的追问与认同主要包括三个方面：一是主体是谁？二是日常生活在主体的道德图式中有什么样的地位？三是主体对现代世界中主体境遇的感受、见解、要求的表达，即主体对善的找寻，以及在这种找寻中所透露的不满与绝望等，在塑造现代性道德起到什么作用？泰勒认为现代的认同概念包含着西方文化中对人类的主体性的理解，例如主体的内在感、自由、个性、被嵌入本性的存在等。③ 由此，我们可以看到，自我同一性成为哲学的重要主题，主要关注点在于对心灵的变化、连续与规定性的认识上，并且赋予"Identity"一种令人肃然起敬的道德意味。哲学视域里"Identity"更多强调的是"同一"和"一致"。这也是时代决定的，之前西方人的同一性因为上帝赋予而不被怀疑，注重的是个体人格的连续性和自我稳定性。随着社会的不断进步，人的主体性不断觉醒，同一性也就从心灵转向

---

① 洛克：《人类理解论》，关文运译，商务印书馆，1983年。
② 休谟：《人性论》，关文运译，商务印书馆，1980年。
③ 查尔斯·泰勒：《自我的根源：现代认同的形成》，韩震、王成兵、乔春霞等译，译林出版社，2012年，序言。

社会。

在心理学领域中，对认同的研究主要包括以下内容。弗洛伊德从心理学的角度提出认同的形成有三个阶段，在早期他主要把认同作为一种心理防御机制，中期他认识到认同在心理发育中的重要性，晚期他阐述了认同与人格形成的关系并关注到了群体认同的问题。① 1950 年，美国心理学家埃里克森继承和发展了弗洛伊德的观点，注意到社会文化因素对自我同一性的影响，在其代表作《同一性：青少年认同机制》中，将"同一性"和"同一性危机"列为自己论述的主题，并深入探讨了同一性和早年经验的关系。埃里克森坚持精神分析的研究方法，其理论打开了认同研究的大门，并为认识认同与社会的关系问题开辟了道路。② 乔治·赫伯特·米德认为，在由个体组成社会的过程中，精神和自我都发挥了巨大的作用。自我的形成包括三个阶段：玩耍阶段、游戏阶段和"概化他人"阶段。"概化他人"是能够"给予个人以自我的统一性的有组织的社区或社会群体"，这三个阶段都涉及角色的扮演，也就是自居作用。③ 米德的观点构成了符号互动论的基础，认为社会是通过影响自我来影响人们的社会行为的，而其中的核心机制就是"扮演他人角色"。这就表明了个体在社会化过程中角色选择和形成的微观互动过程，为我们展示了认同的微观机制是一个心理性和社会性统一的过程。

在社会学范畴中，关于认同的研究主要有以下几个代表性观点。泰弗尔和特纳大力提倡社会认同理论，开启了社会认同研究的新思路。社会认同理论是在泰弗尔"最简群体实验"的基础上提出的，他认为社会认同的产生经历了社会分类、社会比较和积极区分。泰弗尔认为认同经历了三个阶段，分别为分类、比较和区分。依据泰弗尔对认同定义的内在结构来看，认同是一个由认知认同、情感认同和行为认同构成的复杂的动态过程。④

2. 关于价值理论的研究

价值是哲学范畴中人们讨论的热点问题，从康德提出人在价值中的主体地位，到马克思揭示的经济学中价值的意义，再到人们对价值形式的不同划分，价值被学者研究得十分深入。

---

① 西格蒙德·弗洛伊德：《自我与本我》，林尘、张唤民、陈伟奇译，上海译文出版社，2011 年。
② 埃里克·H. 埃里克森：《同一性：青少年认同机制》，孙名之译，中央编译出版社，2018 年。
③ 乔治·赫伯特·米德：《心灵、自我和社会》，霍桂桓译，译林出版社，2014 年。
④ 马进、乔娟、王瑞萍：《社会认同、交往及心态若干重要问题研究》，中国社会科学出版社，2018 年。

作为价值哲学的先驱，康德提出"人是目的"的命题，确立了人的价值主体地位这一价值哲学的基本原则。在伦理学中，康德提出了"至善"的问题，最高价值就是"至善"，最终是以理性人作为目的的，理性的人是道德价值及一切价值的最高依据。"人是目的"命题的提出，就确立了人在价值中的主体地位，从而也就确立了人为主体的价值哲学的基本原则。价值哲学的开创者继承并弘扬了康德的理论主旨，新康德主义把"价值"置于思考中心，建立价值哲学的目的之一就是要重振普遍主义，维护近代伦理价值传统，以遏制19世纪中叶以来形成的反普遍主义、提倡特殊的个人主义的价值观的潮流，维护资本主义制度的稳定。新康德主义弗赖堡学派代表文德尔班和李凯尔特试图通过康德式的先验预设，为人们现实生活提供一套标准意识或规范准则，以克服人们现实社会生活中价值观念的相对主义。德国哲学家胡塞尔试图建立一门纯粹价值学和纯粹伦理学，以获得伦理规范的绝对效力。德国现象学哲学家马克斯·舍勒设定了先天客观、逐级增高的价值等级序列，以规范人民现实的价值生活。在伦理学家弗兰克纳看来，价值大致可以被归纳为：第一，"价值"有时被用作抽象名词，在狭义上有"善""可取""值得"等词语，在广义上则包括了各种正当、义务、美德、美、真和神圣等。第二，"价值"作为一个更具体的名词，往往用来指被评价或判断为有价值的东西，或被认为是好的、可取的东西；也被用来指有价值或好的东西，"各种价值"就意味着"有价值的各种东西""好的各种东西"或"各种善"。第三，"价值"一词还在"评价""做出评价"和"被评价"等词组中被用作动词。弗兰克纳在概述了西方学者的"价值"用法之后说，"价值"一词可以且的确有多种多样的用法，即使人们谨慎地使用也是如此，遗憾的是人们往往并不那么谨慎地使用。在使用这些术语时，人们应当选择一个清晰而又系统的方案，并力图前后一致。社会学家一般认为价值一词有两种含义：一是指体现在商品中的社会必要劳动，二是指客观事物的有用性或具体的积极作用。

马克思关于价值概念基本含义的论述，对价值研究具有十分重要的指导意义。马克思不仅揭示了经济学中的价值含义，而且还指出了作为一般意义的价值概念。他认为价值这个概念是从人们对待满足他们需要的外界物的关系中产生的，是人们所利用的并表现了对人的需要的关系的物的属性。随着我国哲学价值论研究的开展和深入，许多学者从不同的视角对价值概念进行不同的阐释。李德顺认为，"价值"是对主客体相互关系的一种主体性描述，它代表着客体主体化过程的性质和程度，即客体的存在、属性和合乎规律的变化与主体尺度相一致、相符合或相接近的性质和程度。[①]

关于价值的形式，依据不同的划分，结果也不同。按主体的需要进行划分，价值可分为物质价值、精神需要、物质和精神综合价值。物质价值指人的物质需要的满足，比如经济利益、物质生产和生活、生理的维系、生态条件、社会人身保障等。精神需要指人的精神需要的满足，比如人的种种心理上的满足、知识的认知价值、思维能力的提高、情感的发育、对信仰和理想的作用、文化生活的精神效果、人们相互之间志趣的联系等。综合价值是指人的物质和精神共同需要的满足，或物质价值和精神价值的统一，这种价值含有精神和物质两种价值各自不能完全包含的境界，即人与自然界彼此高度和谐、社会的高度文明、人和人之间相互关系的充分合理化、个人身心的全面健康发展等。从客体角度划分，价值可以分为物的价值、精神现象的价值、人的价值。物的价值是指物及物与物之间的关系满足人的需要而言，物分为天然物和人工物两类，物对主体的价值包括物质价值和精神价值，如自然界的山水，在物质价值方面表现为人的生存环境、能源、生态等价值，在精神方面表现为审美价值、科学知识对象价值等。精神现象的价值是指通过一定外在形式表现出来的精神现象对主体需要的满足，精神现象的价值直接表现为精神价值，但也直接或间接表现为某些物质价值，如科学知识带来生产力发展等。人的价值是指客体的人对主体的人的需要的满足，人的价值可以叫作人的社会价值，即人对社会主体需要的满足。依据价值关系的成果来划分，价值可以用真、善、美来表述价值关系的理想境界。

3. 关于价值认同的研究

基于前面价值理论和认同理论的梳理，结合本研究的需要，关于价值认同的研究，笔者主要从对价值认同的基本内涵的理解和对价值认同的建构两个方面来展开。

价值认同是认同的核心，是一种高级的认同类型，指主体基于对对象意义的肯定，为了适应相应社会价值规范，不断调适已有价值结构，认可、接受、信赖、遵从、忠诚和践行某种价值理想、价值观念和价值标准，表现为人们在价值取向与价值追求上的某种一致性、统一性和可接受性。较之于事实性认同、被动认同、利益认同等，价值认同具有更强的深刻性、持久性和稳定性。在马克思主义哲学的视野中考察认同概念，它是人们在交往过程中彼此从自我

[①] 李德顺：《价值论———一种主体性的研究》，中国人民大学出版社，2013年。

出发而寻求共同性的过程和结果,表征着人与人之间的共性关系,其核心是价值认同。价值认同的内涵及其界定,表现为共同价值观念的形成、价值认同的机制和实现途径,以及价值认同的方式问题。从"我"出发去谈论价值认同的表述,包括以下几方面:主动认同和被动认同,即从"我"出发的积极地认同和由他者所操作的消极的认同;同质认同和差异认同,比如逐步向西方价值文化趋同并最终走向同质的认同和认可,承认和包容了价值差异的价值认同;事实认同和构建认同等认同方式,对既有或曾有的自然历史道德价值模式的认同和非预期的动态的开放的不断构建的价值认同。

价值认同的建构问题是学术界研究的热点问题。关于价值认同是否可以被建构的问题,绝大多数学者持肯定性观点。他们认为认同受多种因素的影响,这些因素既是社会化的结果,也可以人为地进行构造。塞缪尔·亨廷顿认为,对认同有影响的外部因素来自个人或群体所处的直接环境和较广泛的社会和政治当局。[①] 价值认同的形成既是社会发展的必然产物,也是人为建构的结果。

价值认同具有"原生性"与"可塑性"双重特性,随着认同研究的深入,价值认同的双重性问题引起了学者的广泛关注,价值认同需要原生身份与建构身份统一的观点受到一致认可。价值认同的核心是主体问题,但这种主体不是笛卡尔自主"我思的"主体概念,不是整体性的、本源性相统一的、固定性的。在晚期现代性背景下,认同呈现出了全然不同于过去的日益碎片化的趋势,是通过话语、权力和意识形态等要素而实现的。认同使"我们"所做的并不是永无止境地重复解读,而是作为"变化着的同一来解读";这并不是所谓的回到根源,而是逐渐接纳"我们"的"路径"。价值认同实现了从"我们是谁""我们从哪里来""我们到哪儿去"转变为"我们会成为谁",状态由静到动,主体由中心化到非中心化,途径由给定到建构。

建构自我与他者之间的差异是认同建构的途径的观点,一些学者通过自我与他者的差异入手探索认同的建构,揭示了认同生成的一般性途径。威廉·康纳利认为,建构自我认同需要建构差异,通过建构与自我对立的他者来实现。[②] 斯图亚特·霍尔持同样的观点,认为认同只有借助与他者的关系,通过差异才能建构。在他看来,通过差异才能明确自身何其所不是与何其所无、他

---

① 李友梅、肖瑛、黄晓春:《社会认同:一种结构视野的分析——以美、德、日三国为例》,上海人民出版社,2007年。

② 李友梅、肖瑛、黄晓春:《社会认同:一种结构视野的分析——以美、德、日三国为例》,上海人民出版社,2007年。

者何其所是，认同才能建立起来。① 塞缪尔·亨廷顿在《我们是谁?》中，进一步关注了美国的国民特性，分析了美国国民特性面临的挑战，提出振兴美国国民特性，就必须振兴美国的语言、历史与习俗和盎格鲁—新教文化。② 人最初是通过他人反映自身的，在与他者的对比中建构"自我"的观念。

强调政治权力、利益对价值认同建构具有重大影响的观点，受17世纪西方主体性哲学思想的影响，身份被认为是对被事先给定的固定不变的"自我"的确认。19世纪以后尤其是20世纪以来，随着哲学、人类学、精神分析学的发展，经验论的、多元论的、社会学的方法逐渐代替了本质主义和先验论，身份与认同问题在镜像理论、结构主义的马克思主义、知识与权力的关系等不同的视角获得进展，文化研究中的身份政治学兴起，身份认同问题研究的政治色彩与意识形态色彩日渐明显。自20世纪60年代以来，知识界出现文化反思和批判，殖民主义理论发生文化转向，随之兴起后殖民主义文化批判理论。与20世纪初理论家对帝国主义、殖民主义的军事入侵和政治操控的批判相比，后殖民主义则主要批判西方中心主义和帝国主义的文化霸权。

通过建构身份、规范、制度等建构价值认同的观点，在文明冲突理论、软实力理论、国际文化理论和建构主义理论四种文化研究的理论范式中，文明冲突论和建构主义理论对价值认同关注较多，影响较大。建构主义兴起于对新现实主义和新自由主义的批判中，在建构主义视野中行为体实现了由只关注权力、利益和安全的政治实体到具有身份认同的实体的发展，行为体的身份认同决定行为体的行为方式和结构关系，文化、观念和规范在建构中具有重要作用。亚历山大·温特是这一理论的代表人物。建构主义关注集体认同，认为集体认同建立的基础是文化，集体认同变动的核心来源于文化观念的变动。建构主义的基本逻辑是，行为体通过认同某种"社会共有知识"而确定自我身份，进而确认自身利益，然后确定行动的方式，即从文化到身份，从身份到利益，从利益到行为。这种研究成果隐含着一个核心观点：认同是权力与利益博弈的结果，是外在力量、内在力量、中介力量共同作用的产物。

概括而言，绝大多数学者赞同"认同可以建构"的观点，对建构的主体、途径、方式进行了具体的、深入的探索。但由于西方的建构主义者多有西方文化中心论的背景，这种认同的建构往往与同化、融化等主张相混淆，在实践效

---

① 李友梅、肖瑛、黄晓春：《社会认同：一种结构视野的分析——以美、德、日三国为例》，上海人民出版社，2007年。

② 李友梅、肖瑛、黄晓春：《社会认同：一种结构视野的分析——以美、德、日三国为例》，上海人民出版社，2007年。

果上产生了很多负面影响,并因此受到批评,特别是在多元文化主义盛行的背景中饱受攻击。中国学者关于认同建构的研究受起步较晚的影响,研究尚不够深入,尤其是对于中国社会转型这一根本背景注意不够,有深入影响的著作相对缺乏。

(二)关于高等职业教育的研究

关于高等职业教育的研究历史已久,19世纪下半叶高等职业教育在西方发达国家率先运行,我国在20世纪八九十年代正式提出高等职业教育的概念,关于高等职业教育的研究至今方兴未艾。笔者按照时间顺序考察我国高等职业教育的研究成果,学界的研究紧跟高等职业教育事业的发展需求与趋势,主要围绕高等职业教育的必要性、高等职业教育的本质内涵、高等职业教育的育人质量提升、高等职业教育体系与制度建设等方面。

1. 高等职业教育的必要性研究

高等职业教育发展初期,我国学界主要研究成果集中于高等职业教育的必要性研究。石伟平教授从经济、社会和教育三个方面论述高等职业教育发展的动因与条件。大多数学者都是从促进经济发展的角度讨论发展高等职业教育的必要性和可行性。有学者探索改革开放形势下,如何培养高职学生的实践能力问题,但研究主体依然围绕高等职业教育的必要性展开。有学者通过研究其他国家高等职业教育办学的历史背景、形成动力等,论证我国彼时发展高等职业教育的必要性。

2. 高等职业教育的本质内涵研究

职业大学兴起后,我国学界主要围绕高职教育的内涵问题展开研究,具体包括高等职业教育的教育理念、人才培养定位和办学模式等。杨金土等认为高等职业教育主要是高等技术教育,职业教育必须是一种在教育层次、培养目标、办学主体、教育形式等方面提供多种选择,满足多种学习和发展需要的教育,这是职业教育的本质属性。王前新认为高等职业教育健康发展应确立教育理念:三大办学理念,即市场理念、产业理念、特色理念;三大人才理念,即素质理念、创新理念、创业理念。杨金土认为高职的培养目标主要有三种类型,即高层次的技术员类人才、技师型人才和管理人员。管天球认为高职教育应该实行"学研产训推"相结合的办学模式,建构产学结合、校企合作、院所合作的办学模式。

3. 高等职业教育育人质量提升的研究

高等职业教育发展从追求数量转向追求质量，研究成果主要集中在"高等职业教育的实然问题与应然样态的改革与发展"上，包括高等职业教育人才培养定位、高等职业教育办学理念、高等职业教育人才培养、高等职业教育办学模式、高等职业教育专业设置、高等职业教育质量评估等几个方面。此时的研究重点是从教育学的角度对高等职业教育的整体教育过程进行全面的研究。朱宝贵认为高等职业教育人才培养的定位具有层次的高级性、类型的技术性、规格的职业性、去向的基层性的要求和特点。刘富英认为高等职业教育作为现代教育体系中的一种特殊教育形式，其主要特征包括培养目标定位在面向生产和服务第一线的高级技术型人才，其教学计划应体现"专宽相济，突出能力"的基本思想。贾岩对国内外高等职业教育人才培养模式进行了比较研究，通过对各种培养模式呈现的态势分析，提出了构建我国高等职业教育人才培养模式的基本思路。王明伦提出了"宽口径、强基础、重实践、图发展"的高等职业教育人才培养模式的重建框架。周建松认为，高等职业教育务必要安于其位，办出特色，办出水平，放弃高职是一个办学类型还是一个办学层次的争论，并建立相对独立的、有别于普通高等教育的办学评价体系和标准，建立相对独立的师资队伍结构体系和评价标准。吴叶林等认为，高职院校要创新专业设置机制，建立由政府、行业（企业）、院校三方共同参与的，以数据信息为基础的专业设置模式，通过不同主体间数据信息的耦合协调，提升职业技术教育的社会适应性，即要做好以下方面数据工作：增强专业需求数据预测、实施过程数据监测、强化就业结果数据反馈，与此同时，推进以大数据为基础的专业设置决策机制创新。王启龙等认为，通过以提升教学质量为评估目的的评估导向、设立职业教育质量评估的第三方专门机构和政府购买评估服务的方式等途径，构建满足同行评议的框架性条件。唐永泽等认为，创设工学结合的人才培养模式为主线和总纲，以带动专业的调整整合、课程体系及内容的重构、实训基地的建设和师资队伍的建设。崔延强等提出以核心职业能力为目标导向、以技术知识为内容主体、以职业群集模块为轴心的课程结构，以及开发具有统整性和自主性等课程设置的建议。

4. 高等职业教育体系与制度建设的研究

有关高等职业教育的研究趋势集中在"现代职业教育体系视域下的体系和制度建设"上。《国家中长期教育改革和发展规划纲要（2010—2020年）》重新定位与丰富了高等职业教育的内涵，指出：职业教育是推动经济发展、促进就业、改善民生、解决"三农"问题的重要途径……培养学生的职业道德、职业技能和就业创新能力……满足人民群众接受职业教育的需求，满足经济社会对高素质劳动者和技能型人才的需要。构建"高等职业教育独立体系"是自2010年至今高等职业教育探讨的核心问题。高职一线工作者罗先锋认为高等职业教育独立体系的外延是从专科到研究生层次的学历教育体系，学历与非学历、职业与普通教育沟通衔接的体系。李志锋从微观层面就高等职业教育各专业的学制设置上提出所有专业不能都施行两年学制，有些专业、行业、产业需要更长的学制。姚国成认为高等职业教育要实施弹性学制。彭志武认为高等职业教育学制改革应该在高等职业教育体系和普通高等教育体系中创新，并从高技能人才培养的角度切入，提出高等职业教育制度创新关键是管理体制、招生制度、办学机制、教学管理和课程开发等方面的改革，重点是产学研合作的教育制度创新。近几年国外对高等职业教育的研究着力于高等职业教育如何配合经济发展、社会流动，注重学生对高职教育的态度与期望，从专业和技术的特性上研究如何提高高等职业教育质量等问题。

（三）关于高等职业教育价值认同的研究

关于高等职业教育价值认同问题的探讨由来已久，从已有研究来看，主要包括高等职业教育价值认同的内涵、高等职业教育价值认同的现状、高等职业教育价值认同危机的成因、高等职业教育价值认同度提升的路径等几个方面。

1. 关于高等职业教育价值认同内涵的界定

首先，从利益相关者角度研究高等职业教育价值认同的内涵。李名梁认为，高等职业教育价值认同主要表现为社会公众包括高等职业教育的利益相关者对职业教育的社会存在与价值创造的认同，同时在舆论评价、行为导向和教育选择等方面保持心里认可和理性接受。刘清秀指出，价值认同是指主体对客体价值在评价的基础上形成的"一种接纳并认可的心态"，而高等职业教育价值认同是社会整体对高等职业教育价值认同的整体态度；这里的社会整体是指个人、集体和政府三个方面，相应地，社会民众对高等职业教育价值认同也就分为个体对高等职业教育价值认同、集体对高等职业教育价值认同、政府对高等职业教育价值认同三个方面。①

其次,从评判功能性指标为切入点剖析职业教育价值认同度的内涵。卢文涛提出,高等职业教育价值认可度的高低可以从三个指标进行考察:一是毕业生首次就业率的高低,二是新生报到率的高低,三是人民群众满意度的高低。庄西真认为职业教育的价值认同是职业教育的一部分,是指社会大众对职业教育在社会中地位和功能的理解;而与职业教育直接相关的人员(教师、学生、校长等)对职业教育的认可程度,是职业教育的内部认同,也就是职业教育给自身带来的物质和心理的满足程度。对于个体来说,良好的职业教育价值认同会带来高度的心理满足,如自尊、荣耀、充实、希望等美好的情感;对于社会来说,成员良好的职业教育价值认同是保持职业教育发展的重要因素。

2. 关于高等职业教育价值认同的现状

综合高等职业教育价值认同研究发现,很多研究认为高等职业教育处于认同危机状态。在高等职业教育价值认同的具体表征方面,各学者的论述各有侧重,主要围绕学生与家长的心理、地方用人单位的重视、政府部门的政策、高等职业院校的声望等方面,而这些都与高等职业教育多元化利益主体相关,也是高等职业教育的生存发展相互依赖、相辅相成、相互促进的系统特征。

赵传珍通过分析大量数据后发现,高等职业教育价值认同度不高主要表现为多元化利益主体的情感和心理,学生选择高等职业教育时的无奈、家长对于孩子接受高等职业教育后投资效益的担忧、公众在评价高等职业教育时表现出的双面性、企业在招聘员工时存在的矛盾心理。② 人力资源和社会保障部有关负责人也强调,现在社会上存在重学历轻能力、重知识轻技能的现象,上职业院校实际上是学生和家长无奈的选择。中国职业技术教育学会曾公布了一组调查数据,其中,被调查的 4.6 万学生中家长愿意让自己子女接受高职的比例仅为 2%。接受调查的家庭既有独生子女家庭也有非独生子女家庭,不同类别的家庭对于子女接受高等职业教育的态度存在显著差异,独生子女家庭中多数家长担心高等职业院校质量差,认为上高等职业院校就等于断送了子女的未来,因而不希望子女选择高等职业院校。对于孩子未来职业的选择,希望自己孩子成为技术工人或从事服务型行业的家长均低于 1%。这一系列研究数据充分表

---

① 刘清秀:《论职业教育的社会认同和职业教育发展之间的关系》,《河南职技师院学报(职业教育版)》,2002年第5期,第8~10页。

② 赵传珍:《基于文化视角的中职教育地位认同研究》,湖南师范大学,2016年,第15~23页。

明了我国高等职业教育价值认同危机的情况。

谢庆富提出,目前社会上存在一种观念,认为就读高等职业院校是下下之策,一些用人单位尽管对高技能人才求贤若渴,却也将高等职业院校毕业的学生与成绩差、素质低等画等号,担心他们不好管理;多数用人单位也存在盲目追求高学历的现象。① 受用人机制和"学而优则仕"等根深蒂固观念的影响,社会"人才观"存在不同程度的偏差。一些地方热衷宣传高考成绩优秀者,却很少宣传"技能大赛优胜者"和"劳动致富""能工巧匠"的典型,领导对其重视程度和群众的认同度有待提高。石伟平认为,现阶段我国职业教育体系尚不完善,高等职业教育无形降低了其社会地位。② 刘兰明将高等职业教育社会认可度视为高等职业教育获得尊严的重要途径之一,主要体现在高等职业教育从业者的职业声望不高、高等职业教育受教育者发展空间小等。③

3. 高等职业教育价值认同危机的成因分析

经济社会的快速发展以及教育体系的发展与完善,迫切需要解决高等职业教育价值认同危机,以招收优质生源并培养出满足社会需求的各级应用型技能人才。解决高等职业教育价值认同危机,就是要挖掘高等职业教育价值认同的根源,研究造成高等职业教育价值认同危机的一系列成因。为此,学者进行了较为深刻的剖析,提出各自观点,涉及观念歧视、社会分层、体制缺陷、办学模式不当和学生素质低下等。

戴林东从我国高等职业教育的发展历程分析,高等职业教育长期未被全社会认同的原因在于在高等职业教育发展出现"辉煌"之时,未能很好地总结经验,继续保持发展的势头,以致丧失机遇;政府部门"宏观调控"不力,起初提出了高职学生的比例问题,后期这一理念逐渐淡薄;多年来的招生制度也对高等职业教育的生源造成了极大的制约;中职与高职接轨起步过迟,国家为中等职教开辟的"对口高考"的渠道为时太晚。④ 顾玉萍以学生家长为研究对象调查高等职业教育价值认同危机的原因,认为其包括传统文化的影响、社会分层以及职业教育就业环境等因素。⑤ 李延平认为,高等职业教育经费存在公平

---

① 谢庆富:《应为高职院校正名》,《师道》,2016年第11期,第14页。
② 石伟平:《高等职业教育的国际比较:社会功能与社会地位》,《江苏教育》,2010年第15期,第16~20页。
③ 刘兰明:《论职业教育的尊严》,《中国高教研究》,2015年第2期,第91~94页。
④ 戴林东:《职业教育应当尽快让全社会认同》,《职教通讯》,2001年第6期,第58页。
⑤ 顾玉萍:《职业教育低认同度的原因探析——以学生家长对职业教育认同度调查为例》,《内蒙古教育(职教版)》,2015年第5期,第14~15页。

危机，不仅投入相对不足，而且投入也不尽合理，地区间的不平衡现象较多。① 李红卫以高考失利后选择高等职业院校的学生为调查对象，采用访谈法研究学生发展与高等职业教育吸引力问题，在 2010 年发表的《从学生视角看职业教育吸引力的个案研究》一文中提倡高等职业教育应"关心每一个学生的成长，关心学生成长的每一个方面"②。

综合学者的已有研究，笔者把影响高等职业教育价值认同度的因素大致分为如下几点：第一，政府部门未采取强有力的推进措施，执行力不够；第二，社会大众认识上的偏差，盲目追求高学历、高文凭；第三，职业院校办学无特色，千篇一律，各种硬件设施跟不上学生的实际需求，自身基础能力相对薄弱，人才培养质量无法满足社会需求；第四，相关法制不健全，高等职业教育发展得不到切实保障；第五，职业技术人员社会地位相对较低，工资待遇相对较差；第六，高等职业教育向上发展的渠道不畅通，阻碍学生继续深造；第七，校企合作流于形式，学生的实际操作能力较弱；第八，近些年来高校的大面积扩招导致高等职业教育在人们心目中的地位进一步降低；第九，高等职业院校教师队伍的流动性较大，缺乏稳定的实力雄厚的师资力量，"双师型"师资队伍建设尚待大力落实；第十，高等职业教育管理体制不健全，由此引发高等职业教育自身的一系列问题，社会地位受到严重影响。

4. 高等职业教育价值认同度提升的路径研究

认同危机导致高等职业教育在整个教育体系中的地位逐渐下降，影响高等职业教育的健康发展，以及我国工业化、信息化和城镇化的可持续发展。有学者在指出高等职业教育存在的问题及影响因素后，提出了一些对策，针对高等职业教育价值认同度低这一现实状况，大家各抒己见，目前已有大量成果展现。

李名梁等指出，提高职业教育价值认同度是一个复杂系统的工程，中央及地方各级政府应进行宏观战略层面的调整和改革，创设科学合理的适应高等职业教育发展的制度与政策环境，可以通过加大高等职业教育经费投入力度，不断拓宽高等职业教育的财政投入渠道；加大高等职业教育内部不同层次及不同

---

① 李延平：《论职业教育公平》，《教育研究》，2009 年第 11 期，第 16~19 页。
② 李红卫：《从学生视角看职业教育吸引力的个案研究》，《职业技术教育》，2010 年第 31 期，第 10~14 页。

形式教育之间的沟通；完善校企合作制度，加强服务和监管力度。① 李永云也指出，高等职业院校应坚持以人为本，只有优化课程体系，培育骨干专业，提升教师素质，实施科学管理，在不断解放思想中实现职业院校的创新，才会提升社会认同度。② 项炳池认为泰弗尔的认同理论中自我激励策略有利于促进高等职业教育的认同度，因而提高认同需要在社会流动、社会竞争、社会创造三个领域的建设中进行研究。③ 社会流动需要尽快为高等职业教育设立学历提升的渠道，通过提高职业教育的就业机会、职业薪酬、职业声望促进社会流动，进而促进职业教育的社会认同度；社会竞争包括保障高职教育与普通本科教育学历层次竞争的公平和鼓励高职教育与普通本科教育的差异化竞争；社会创造体现在形成中国特色职业教育体系，并且努力提升职业教育的质量。

黄尧围绕高等职业教育的战略地位、技能型人才的社会地位和经济待遇、职业教育的投入、公共财政引导、毕业生就业、职业院校毕业生继续深造六大点提出了具有代表性的措施。④ 郑永青提出，改进传统观念，明确培养目标；地方政府对本地区的职业院校进行统一监管，在科学合理的绩效评价体系指导下进行优化配置；政府加强就业准入立法，确保人才质量；重视行业协会在职业教育发展中的作用，充分发挥其协调作用。⑤ 特别值得强调的是，胡昌龙等指出政府、社会、企业、高职院校等各方都需加快行动，积极努力，不断提升高职教育的社会认同度。首先，要进一步完善、创新推进高等职业教育发展的体制机制；其次，要宣传和营造"尊重劳动、崇尚职业、重视职业教育"的社会氛围，破除因循守旧的落后观念，并着力促进企业自身的创新及参与高等职业教育的积极性，同时加强高等职业院校的内涵建设，切实提升人才培养质量。⑥

综合以上论述不难发现，提升高等职业教育价值认同度既包括国家高等职业教育的宏观政策，也需要高等职业院校自身不断发力。只有政府、企业、职

---

① 李名梁、贺珍珍：《职业教育社会认同度研究：现状、视角与展望》，《职教发展研究》，2019年第2期，第26~30页。
② 李永云：《试论职业院校提升核心竞争力之主要因素》，《当代教育论坛（管理研究）》，2010年第4期，第106~108页。
③ 项炳池：《高等职业教育如何突破社会认同危机》，《职业技术教育》，2016年第12期，第51~55页。
④ 黄尧：《中国职业教育发展将更加关注的若干问题》，《职业技术教育》，2010年第22期，第11~14页。
⑤ 郑永青：《如何增强职业教育的吸引力》，《考试周刊》，2010年第45期，第194页。
⑥ 胡昌龙、周荣：《提升高职教育社会认同度刍议》，《郧阳师范高等专科学校学报》，2013年第5期，第138~141页。

业院校、学生、家长多方结合，构建教育结构、办学成效、人才培养、社会声望等职业教育生态圈，使其形成一个有机整体，共同作用于高等职业教育的社会认同度，才能从根源上促进高等职业教育社会认同度的提升。

5. 与其他国家间的对比分析

欧美发达国家的高等职业教育发展历史已有两百余年，比我国高等职业教育发展的时间长，社会分工及经济发展的需求推动国外高等职业教育迅猛发展。由于不同国家文化传统和社会结构的差异，职业教育的发展水平参差不齐，但就其整体发展水平而言，明显高于我国职业教育的发展水平，主要表现在认同度高、投入较大、体系完善、特色发展、研究深入、成果丰硕等方面。而我国的高等职业教育起步较晚，发展较为迟缓，因此，在高等职业教育的诸多研究中，学者常列举国外职业教育发展的实例，通过对比，取长补短，借此希望在理论与实践中推动职业教育的健康发展。

国外职业教育的研究可分为正反两大类，正面例子多以研究德国、美国、澳大利亚的职业教育为主，反面多以职业教育较落后的英国为例。学者徐国庆以德国职业教育作为参照，从国民素质、思维方法、商业伦理、技术继承、法治文化、行政体制等方面详细介绍了中国和德国的文化传统差异，以及对双方职业教育的影响。徐国庆提出，相较于德国，中国职业教育缺乏文化传统根基，表现在缺少逻辑分析的哲学方法、缺少严密的思维方法、缺少精密的技术传统三个方面。

王娟涓着力研究了美国的职业技术教育改革，认为美国提倡生计和技术教育，中国的职业教育应借鉴该做法，增强对学生的学术性技能培养。[①] 长期以来，英国职业教育发展缓慢，与其经济发展步伐并不同步，职业教育的发展不仅落后于美、德、日等经济大国，更一度成为阻碍经济发展的绊脚石。究其原因，英国历来主张"绅士教育"，认为职业教育是为底层社会子女开设的教育，并未把它纳入正规教育的范畴。"重文轻理、重理轻工"传统文化的深入影响，"保守主义"的思维模式等，阻碍了英国职业教育的发展。

三、简要分析

笔者对价值认同基本理论、高等职业教育、高等职业教育价值认同三个方

---

① 王娟涓：《美国高中职业技术教育改革的新进展——生计和技术教育》，《西南民族大学学报（人文社会科学版）》，2004年第3期，第380~384页。

面的文献进行了整理分析,并从以下几方面进行述评。

(一)针对高等职业教育价值认同主体的讨论较少

大部分的研究都集中在高等职业教育对社会的重要性上。有研究提出,高等职业院校数量的分布与区域经济发展相匹配,尤其是满足了边远地区、经济落后地区高等教育发展需求,促进了高等教育入学机会的均衡,为区域经济社会的协调和整体发展做出了重大贡献。高职院校成为制造业技术技能人才的主要供给端。近年来,高职院校依托技术优势,为乡村发展注入新动能。这些研究都证实了高等职业教育与国家、社会、经济发展之间的关系,指出了高等职业教育发挥的重要作用,阐述了高等职业教育在各方面都得到政府的认可和肯定。

然而,关于高等职业教育价值认同的主体——高等职业教育的学生,其作为教育主体,作为生命个体的研究却很少。关于高等职业教育主体,大多研究运用利益相关者理论,强调政府、行业、企业、学校等多元主体协同育人。而教育的主要主体是学生,学生作为人的主体性是不能被忽视的,高等职业教育价值认同的主体也应该围绕学生展开。学生通过高等职业教育学习职业知识,实现自己的价值,是未来通过劳动获取有尊严的幸福生活的重要前提和保障。泰勒在《自我的根源——现代认同的形成》中提到认同的主体是人,也就是"自我",通过自我的道德和精神方向感、反省的意识、自由、尊严等特性来论证道德空间中的主体。因此,高等职业教育的主要主体是学生,同样,高等职业教育价值认同的学生主体不能被忽视。

(二)高等职业教育价值的解读方法和范式有待探讨

在已有的高等职业教育研究中,大多关注了高等职业教育与社会需求的关系,强调高等职业教育的政治价值、经济价值、文化价值等,而忽视了人的价值。庄西真认为,当前职业教育的发展是受多种因素影响的,其中社会结构和个体选择是重要的影响因素,职业教育可以提高整个社会的生产率,但是仅仅表现为社会效益而未具体体现在个人回报上,这种仅考虑社会本位而无视个人本位的职业教育发展理念会影响职业教育的社会认同度。[①] 孙长远等认为,高等职业教育面临的问题可以通过政府提供高等职业教育总量、高等职业教育资

---

① 庄西真:《社会结构与个体选择:职业教育发展的双重影响》,《职业技术教育》,2006年第1期,第15~18页。

源配置等来解决。① 现代教育强调以人为本，但在现有研究中，大多数研究停留在政府与高等职业教育的关系上。学生作为人的存在问题在高等职业教育已有的研究中较少，学生是被教育者，学生作为高等职业教育的主体地位被忽视。

石中英在《教育哲学》一书中提出，现代教育归根到底就是"生存的教育"，而不是"存在的教育"。② 生存的教育给予了人们生存的意识和能力，却没有给予人们生存的理由和根据；给予了人们对自己和人类文明一种盲目的乐观，却没有给予人们一颗清醒的头脑。只有存在的教育才能增加人的存在的意义，人作为教育主体才能获得存在意义上的宁静与超越，获得生活的内在勇气和智慧，追求人内在的和外在的自由本性，才能活得清醒、坚定，充满朝气。高等职业教育作为教育的一种类型，也应是一种存在的教育，而不是生存的教育。在高等职业教育的研究中，作为高等职业教育价值主体的学生是不能被忽视的。

（三）高等职业教育理论的深入研究有待拓展

大多数研究关照了高等职业院校人财物的配置管理、高等职业教育的社会位置、学生作为一名中国人的教育含义，但学生与高等职业教育含义的关联怎么去解释还没有相关研究。肖球福认为，高等职业教育当前面临的问题，是可以通过投资收益包括投入产出比、高等职业教育产出与经济社会发展需要之间匹配度两个方面来解决。③ 已有研究通过政治政策、制度经济学、社会学等视角分析高等职业教育现状，认为高等职业教育人财物等配置是解决现实困境的根本因素和重要保障，但对高等职业教育现实困境的深入研究则相对较少。无论是从政策、经济还是从社会分层讨论造成高等职业教育的认同危机，最后还是会归因到文化因素，文化作为认同生成的主要影响因素，是分析和解决高等职业教育认同的重要切入点。高等职业教育认同危机迫切需要由外部环境研究转向根源性研究，即由关注高等职业教育的政策制度、经济环境等，转向高等职业教育认同生成机制、内部结构、深层根源等问题，从而廓清高等职业教育认同的研究范畴，揭示高等职业教育的本质，提高对高等职业教育的认同，缓解当前高等职业教育的发展困境。

---

① 孙长远、庞学光：《惟"何以为生"：职业教育面临的问题及其消解》，《中国职业技术教育》，2016年第12期，第12~17页。
② 石中英：《教育哲学》，北京师范大学出版社，2007年。
③ 肖球福：《谈职业技术教育的经济效益观》，《现代技能开发》，2000年第5期，第13~15页。

第三节 概念界定

高等职业教育价值认同研究包含两组核心概念。第一组，教育、高等职业教育；第二组，认同、价值认同、高等职业教育价值认同。笔者通过梳理学者对以上概念的定义，界定这些概念，并由这些概念之间的关系构成本研究的基本论域。

一、教育、高等职业教育

（一）教育

捷克教育家夸美纽斯认为，教育在于发展健全的个人，只有受过一种合适的教育之后，才能成为一个人。英国哲学家洛克提出，人类之所以千差万别，便是因为教育。法国启蒙思想家、教育家卢梭提出，植物是由栽培而成长，人由教育而成为人。他还进一步解释，人生而软弱，因而需要力量；生而无能，因而需要他人帮助；生而无知，因而需要理性。所有人生而缺乏的东西，所有人赖以成人的东西，都是教育赋予的。德国哲学家、教育家康德认为，人只有靠教育才能成人，人完全是教育的结果。美国实用主义教育家杜威认为，教育即生活，教育即成长，教育乃是社会生活延续的工具。他还提出，教育是不断的经验改组和改进，这改组使经验的意义增加，也使后来控制经验的能力增加。苏联教育家克鲁普斯卡雅认为，所谓教育是指有计划地感化新一代，以便培养出一定类型的人。苏联教育家加里宁认为，教育是对于受教育者心理上所实行的一种确定的、有目的的和有系统的感化作用，以便在受教育者的身心上，养成教育者所希望的品质。

关于教育的定义繁多，主要原因有以下两点：其一，很多学者在研究教育本质时对本质的基本属性理解不同，如对人的本质理解的角度、关系性理解的角度等；其二，探寻教育本质的方式不同，如逻辑方法与历史方法的统一、理性的认识过程、抽象概括法等。

笔者采用学者巴登尼玛等对教育的定义，认为教育是不断提高人处理和使用知识的智慧的生命过程。① 之所以采用这个定义,是因为该定义能体现关于中国高等职业教育定位中教育的整体性、关系性、反思性,以及笔者的研究立场。

首先,此概念体现了教育的整体性,将教育放入一个整体性的系统中进行考察,教育中人、知识、智慧等要素相互联系、彼此影响,形成多层整体,与实践接壤,随着经验事实的变化而变化。整体性的核心是一些基础理论,使教育能汲取理论性学科的滋养,又通过应用学科与经验事实相联系。同时体现着研究者以建构变化为基础,最终指向未来的开发思维。

其次,此概念体现了教育各要素的关系性,即体现了人类、知识、智慧、社会、生命、过程等要素关系,立足于教育的"关系性"存在,关注教育的各种内外部联系,着力从生命、知识、智慧多个层面,以及哲学、人学、文化等多个角度立体式地认识教育。同时体现了教育、人、社会的复杂关联,也体现了教育各构成因素之间的关系,并将这丰富多样的关系嵌入社会性、历史性的教育发展之中加以审视和探讨,综合、系统、动态地解释教育的本质。

再次,此概念体现了人类自觉的反思,即体现了人类在理论反思的基础之上,更加关照对实践的反思,启发人类在理想与现实之间、终极指向与历史之间,不断打破微妙平衡,从而促使人类在自己的思维和行动中追求更高的境界,处于不断自我批评和自我超越的时空之中。

最后,此概念体现了笔者的立场。教育虽然受政治、经济、文化等因素的影响,但教育不是经济、政治的附庸,也不是工具性的存在,更不能将教育的社会功能误认为是教育的本质。教育本质的探讨必须回到教育学的场域和教育学的立场上来。

(二) 高等职业教育

关于高等职业教育,笔者从现实中高等职业教育所属的类型和阶段,以及教育本质中生命存在三个方面加以理解。首先,相对于普通高等教育而言,高等职业教育是高等教育的一个类型。普通高等教育在教学目标和教学内容的设置上,主要是根据学科知识体系的内部逻辑,而高等职业教育主要是以职业岗位能力需求或能力要素为核心来设计的。其次,相对于中等职业教育来讲,高等职业教育是职业教育的高级阶段。高等职业教育的生源为中等职业教育毕业

---

① 巴登尼玛、李松林、刘冲:《人类生命智慧提升过程是教育学学科发展的原点》,《教育研究》,2014年第6期,第20~24页。

生和普通高考生。最后,高等职业教育是人们为了谋求生存和未来生活而不断提高其处理和使用职业知识的生命过程。高等职业教育是人的生命过程,而不是工具或手段,是受教育者以生命为目的的享受过程。同时,笔者认为高等职业教育和普通高等教育没有等级、职业界限。高等职业教育也好,普通高等教育也好,所有教育都具有"职业性",高等职业教育也是教育体系的一部分,是基于人的生命、生存、生活需要开展的教育活动。同样,高等职业教育也像其他教育一样具有"人文性",是基于人的生命、人的全面发展、人的生存需要开展的教育活动。

二、认同、价值认同、高等职业教育价值认同

(一)认同

认同在英语中的语义有两个相互对立的意思:一是同一性,即"自我归类",与他者共有的素质或状况;二是个性,即作为一个长期存在的实体的个人所具有的不同于他人的鲜明的个性。这两种内涵存在相互冲突和矛盾,体现在特定的社会边界下,认同就是求同存异的过程。也就是说,只要社会存在边界,就必然出现内外、我他的分别,因此求同存异实质上就构成了"认同"的两个方面。

学者对"认同"也提出了很多不同的解释。泰勒提出,自我部分是由自我解释构成的,认同是不同主体之间的相互建构,主要有两个方面的含义:一是指不同个体在互动过程中形塑出一种崭新的社会身份认同。二是指外来的、试图融入某一既成群体或文化之中的人们同这些群体或文化占有者之间的互动。吉登斯认为"认同"是人寻求自身本体性安全的结果。所谓"本体性安全"是指自然界与社会世界的表面反映了人们的内在性质这一点的信心或信任,包括自我认同与社会认同的基本存在性衡量因素。[1]

亨廷顿认为"认同"的意识是一个人或一个群体的自我认识,它是自我意识的产物。在绝大多数情况下,"认同"都是建构起来的概念。[2]

泰弗尔将认同定义为个体认识到他(或她)属于特定的社会群体,同时也

---

[1] 李友梅、肖瑛、黄晓春:《社会认同:一种结构视野的分析——以美、德、日三国为例》,上海人民出版社,2007年。

[2] 李友梅、肖瑛、黄晓春:《社会认同:一种结构视野的分析——以美、德、日三国为例》,上海人民出版社,2007年。

认识到作为群体成员带给他的情感和价值意义。①

笔者依据泰弗尔的定义，认为"认同"的内在结构是一个由认知认同、情感认同和行为认同构成的复杂的动态过程。其中，认知认同主要包括认同主体的感觉、知觉、记忆、想象、思维和语言等方面。认知认同是认同的起点，是主体形成情感认同和行为认同的逻辑基础。情感认同来源于认同主体对客体"真切、深刻"的了解，认同主体的情感一经形成，就必然会对主体的认知及其结构产生巨大的影响作用，并且有可能成为调节和控制人的认知活动的一种重要内在因素。行为认同主要是主体对认同的外化表现，即将已经内化的价值判断准则和行为规范转化为自觉行为，形成外化行为习惯的过程。

（二）价值认同

关于价值认同的内涵，有学者提出当代认同问题归根到底是一个价值认同问题。同样，当代认同危机的核心也必然内聚到一个价值认同危机，对认同危机的思考和解决必须与价值认同的建构联系起来看。20 世纪 90 年代以后，国内学者对价值认同的研究相对较多。但迄今为止，对其定义并不统一，不同的学者从各个角度进行了解读和分析。在业已形成的众多价值认同研究中，贾英健教授对其代表性观点进行了归纳：首先，价值认同是指个体或社会共同体通过相互交往而在观念上对某类价值的认可和共享，是人们对自身在社会中的价值定位和定向，并表现为共同价值观念的形成。其次，价值认同是指价值主体不断改变自身价值结构以顺应社会价值规范的过程，体现了社会成员对社会价值规范的一种自觉接受、自觉遵循的态度。价值认同主要有两个层面的含义：一是指人类共同的追求，二是指在世界范围内的主导价值。通过以上梳理，笔者认为价值认同是主体对客体价值的认可和接受。

（三）高等职业教育价值认同

高等职业教育价值认同是主体对高等职业教育价值的认可与接受。首先，高等职业教育价值认同的主体主要是指学生。已有研究中关于高等职业教育价值认同的主体，如米切尔的利益相关者分类理论，从正统性、影响力和紧急性三个维度，高、中、低三个层次对高等职业教育利益主体进行了划分和排序，形成政府、学校、用人单位、学生等多元主体。笔者从教育存在理论出发，认

---

① 李友梅、肖瑛、黄晓春：《社会认同：一种结构视野的分析——以美、德、日三国为例》，上海人民出版社，2007 年。

为高等职业教育价值认同问题不是一个简单的利益问题,而是一个教育问题,因此其主体的认定应该是人,是享受教育的人。其次,高等职业教育价值认同的客体主要是指高等职业教育价值。如果不对高等职业教育价值认同的客体进行区分和限定的话,将是个很庞大的范畴,笔者认为高等职业教育价值认同的客体主要是指高等职业教育价值。

第四节 研究设计

一、研究思路

笔者从高等职业教育价值认同的历史和现实出发,总结归纳不同时空下高等职业教育价值认同存在的问题,运用文化分层理论分析高等职业教育价值认同产生的深层根源,依据价值理论、教育存在理论、文化理论等探寻高等职业教育价值认同应具有的基本条件、内容维度、理想目标等,反思高等职业教育的价值意义,回应中国高等职业教育价值认同存在的问题,审视高等职业教育本质内涵及价值(如图1-1所示)。

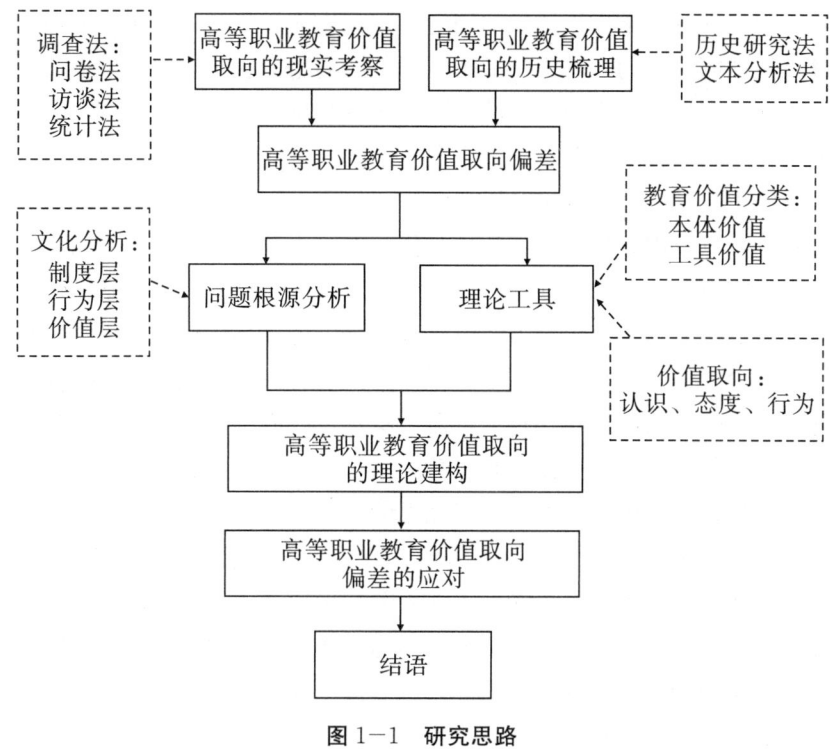

图 1-1 研究思路

二、研究方法

（一）方法论

关于高等职业教育的研究大多集中于解决高等职业教育怎么做的问题，没有从哲学出发去研究高等职业教育。笔者认为高等职业教育研究除了科学研究，还需要对此进行哲学思考。哲学呈现的不是一个实在的世界，它是在现存世界贯穿人的观点、人的态度、人的理想的标尺，以及进一步升华人性、提高人生价值的精神意境。[①] 高等职业教育价值认同研究不是毫无现实根基的抽象与空洞，也不是脱离时空境域的胡思乱想，而是在深层次对高等职业教育实践中现实问题的探索与思考，体现着人对存在的理解和对生命的感悟。高等职业教育价值认同的生命哲学思考是在当代教育中人的存在问题日益凸显的背景

---

① 高清海：《中国传统哲学的思维特质及其价值》，《中国社会科学》，2002年第1期，第52～55+206页。

下，高等职业教育哲学应当达到的理论自觉。生命哲学是人对生命的最根本性的和最一般性的认识的一种哲学形态。在不同的生命哲学思想指导下，人在生命实践中就会产生对待人的生命的不同的态度和价值观，也就形成了人对生命的价值世界不同的行为实践。关于生命哲学的讨论比较丰富，主要包括以柏格森为代表的生物学的生命哲学，以叔本华、尼采、海德格尔为代表的非理性主义生命哲学，以及以狄尔泰和齐美尔为代表的历史和文化倾向的生命哲学。

结合研究对象，笔者选择马克思的生命哲学思想作为方法论基础。之所以选择马克思的生命哲学思想为方法论基础，是因为在马克思生命哲学思想中强调了人的生命的根本价值在于自为生命价值，也就是人的自由个性生命的生成。他认为生命价值的独特性是指生命本身是目的而不是手段和工具，人的生命的价值认同的实质是生命世界和生命关系归位于人的生命本身，追求实现生命的解放和生命的自由全面发展。马克思的生命哲学思想刚好切合了笔者对高等职业教育的界定，体现了教育本质的存在内涵，切合了研究内容和研究立场，即高等职业教育中人的存在、人的生命的价值和意义的追求。

此外，笔者运用文化分层理论和博弈理论作为研究视角，通过分析高等职业教育价值认同产生偏差的深层根源，进而揭示高等职业教育的本质内涵。同时，研究的起点是对高等职业教育价值认同历史和现状进行考察与分析，现状调查法和逻辑分析法是分析现实问题的最基本方法，亦具有方法论的意义。一是运用历史研究法和现状调查法揭示客观性。通过高等职业教育价值认同的历史梳理和现实考察，认识不同群体的高等职业教育价值认同，探寻高等职业教育价值认同的基本特征，发现其中存在的价值认同偏差。二是运用逻辑分析法解构复杂性。高等职业教育价值认同的根源具有复杂性，以及高等职业教育所处不同历史阶段和现实环境复杂性的叠加，使得高等职业教育价值认同是一个复杂问题，这就需要利用相关理论对现实考察材料进行解读，从文化和利益博弈的角度建构高等职业教育的独特属性。高等职业教育价值认同生成与所处环境的文化及利益的冲突、融合与均衡，是一个不断解读复杂性的过程。三是现实与逻辑的统一。这具有更高层次的方法论意义，在错综复杂的现实状况中，剥除那些令人眼花缭乱的表面现象，揭示其本质规定性，从而把握事物发展的真谛。一方面，现状调查缺乏对复杂问题的深入了解，面对复杂的现象不能了解到生动、具体的事物和情境，这就需要经过逻辑分析法的"修正"使高等职业教育价值认同现象更鲜明、更突出地显现出来。另一方面，每一类理论或每位学者的研究都只可能达到"片面的深刻"，这就需要运用现状调查法挖掘新变量、倾听被主流理论忽视的声音来尽可能地映射更多的现实状况。

（二）具体研究方法

基于以上方法论，结合研究对象，本书主要采用以下几种具体研究方法。

1. 历史研究法

首先，将高等职业教育价值认同置于每个阶段当时特定的历史环境之中，采用纵向和横向相结合的方式予以整体考察，以时间为节点对高等职业教育价值认同进行纵向动态考察，以具体内容为节点对高等职业教育价值认同进行横向静态考察，以期能够客观、翔实地呈现高等职业教育价值认同在文化传承中形成的过程。其次，对不同时空下高等职业教育价值认同的特征及规律进行分析及论述。最后，从高等职业教育价值认同的特征和变迁的不同模式对高职教育在历史演进中主体观念、观点进行探究。笔者梳理了改革开放至今高等职业教育的发展历程，基于高等职业教育价值认同的三个维度，总结归纳了具有典型特点的价值认同的时空结点。

2. 调查研究法

笔者通过访谈法和问卷法深入高等职业教育价值认同的现实中，为进一步研究提供了可靠的实证材料和现实依据。根据利益相关者理论确定了调查对象为学生、用人单位、学校和政府，利用高等职业教育价值认同的三个维度设计访谈提纲和调查量表。通过访谈法尝试解决两个方面的问题：其一，通过访谈法搜集高等职业院校的管理者、教师的高等职业教育价值认同的现实情况，选择分布在东、南、西、北 4 个地区，不同办学规模和办学水平的 6 所高等职业院校的 6 位管理者和 12 教师进行访谈，了解高等职业院校的高等职业教育价值认同的情况。其二，通过访谈法了解当前高等职业教育用人单位的高等职业教育价值认同的现实情况，从而为后续的研究提供依据。笔者选择了大、中、小 3 种类型企业的 6 位管理者进行访谈。此外，通过问卷调查法了解高等职业教育学生的高等职业教育价值认同情况，选择分布在东、南、西、北 4 个地区，不同办学规模和办学水平的 6 所高等职业院校的 1575 名学生进行问卷调查，采用 SPSS 22.0 统计技术进行数据分析，用以获得学生主体对高等职业教育价值认同的真实情况。

3. 文本分析法

认同的研究要想做得深入、透彻，首选文本分析法。笔者对文本分析法的运用，主要体现在对高等职业教育价值认同的经典文献、前沿文献、代表性文献研究梳理的基础上，结合高等职业教育政策、制度等方面进行综合分析，从而了解政府和学校作为主体的高等职业教育的价值认同情况。笔者梳理了近15年以来关于高等职业教育出台的主要政策，以此来分析政府的高等职业教育价值认同的现状。

4. 比较研究法

比较研究法是通过同一群体对高等职业教育价值认同与普通高等教育价值认同的共同点和差异进行比较，以及不同时期、不同国家对高等职业教育价值认同的共同点和差异进行比较，总结高等职业教育价值认同基本特点。通过对比德国、美国和日本的高等职业教育价值认同状况，在强调高等职业教育的特殊性的同时，抽象出高等职业教育中的"本然"之势，这种"本然"对我国高等职业教育发展具有借鉴意义。

第二章　高等职业教育价值认同的理论依据

　　高等职业教育价值认同基本理论的研究不是对高等职业教育价值认同现实问题的摹写,而是基于现实的高等职业教育价值认同问题,以理论作为基础对实然问题作出的"应然"的关怀与回应。在本章,笔者将进一步阐释高等职业教育价值认同相关概念的基本内涵和基本理论,为进一步深入研究打下基础。

第一节　价值认同理论

　　价值认同是高等职业教育价值认同的核心概念,因此这里特别要介绍价值认同理论基本内涵的由来、价值认同与高等职业教育之间的关系,以及在本研究中如何运用价值认同理论三个方面的内容。

一、价值认同理论的基本内涵

　　价值认同是由"价值"与"认同"两个内涵丰富的词组合而成的,组合后的价值认同的内涵和外延都相对缩小。对于价值认同理论内涵的理解,前面已经阐述了认同的内涵,这里专门对价值进行阐释,从而更好地把握价值认同理论。

(一) 价值和认同的内涵

　　"价值"作为一个多学科研究的概念,不同研究领域有着不同的解释和界定,此处价值更多地倾向于哲学的范畴。关于价值内涵的界定,国内外学者主要有五种观点,即"观念说""实体说""属性说""关系说"和"实践说"。[①]"观念说"主要是认为价值并非一种客观实在,而是来源于人们的主观意识。这种观念认为价值是抽象的信念、理想、标准、倾向、选择等,价值是看不见、摸不着的,却时时处处发挥作用,指导人的思想,支配人的行动,人们对事物的评价即基于抽象的理想价值。这种观点明确割裂了意识与物质的关系,片面突出了主观随意性。"实体说"认为价值是独立存在的一种实体且有自己的终极存在,这种观点导致人们对价值观的认识产生绝对主义和神秘主义。"属性说"认为价值不是特殊的实体,却是某些实体所固有的、在某些情况下会产生的特殊属性,这个观点中的价值并非物体本身所拥有的,因此该论点也难以说明价值的本质内涵。"关系说"认为价值是一个关系范畴,是由主体的主观需要和客体是否能够满足其需要构成,所以事物是否具有价值及价值的大小是由主体需要和客体属性二者联合起来共同决定的。"关系说"克服了主观主义和客观主义各自的局限,充分强调了主客体关系在价值中的作用,具有合理性和突破性。"实践说"是在吸收"关系说"成果的基础上提出的一种观点,"实践说"强调价值的来源,明确提出价值产生于人类的认识活动和实践活动之中。该观点认为价值的内涵就是主体在实践活动中,客体对于主体的意义,如果客体呈现的属性与主体的生存和发展相符合或相接近,那么客体就能够满足主体的某种需要,则具有价值。从"实践说"的角度把握价值的内涵,笔者认为价值是客体对主体某种需要的满足的接近或一致,并且价值产生于主体的认识活动和实践活动之中。依据这个界定我们可以从主体、客体、关系、实践等要素和特征中深入理解其内涵,同时依据不同的标准,我们可以将价值进行分类。

"认同"一词最早来源于心理学,是指个体或群体在感情上和心理上趋同的过程。[②] 从这个定义中我们可以看到认同是人心理变化的过程,是指主体对其他个体或群体的价值观念、行为规范等的认可和接受,并且从行为上去模仿,最终融入自己的思维模式和行为模式,认同的内涵是个体对群体寻求归属感的心理过程。社会学中还将认同分为自我认同和社会认同两种类型,其中自我认同是指个体对自我身份、自我价值、自我地位的社会确认,有利于个体更好地社会化;社会认同是指人们通过共享在社会中被普遍认可的信仰或情感,形成社会成员共识,从而凝聚社会成员的力量。泰弗尔将认同定义为个体认识

---

① 李德顺:《价值论——一种主体性的研究》,中国人民大学出版社,2013年。
② 西格蒙德·弗洛伊德:《自我与本我》,林尘、张唤民、陈伟奇译,上海译文出版社,2011年。

到他属于特定的社会群体，同时也认识到作为群体成员带给他的情感和价值意义。依据泰弗尔对认同定义的内在结构，笔者认为认同是一个由认知认同、情感认同和行为认同构成的复杂的动态过程。

（二）价值认同理论的基本内涵

价值认同是指主体在长期的社会实践活动中，基于自身的需要和经验，对外部信息进行比较、筛选和吸收，并融入自己原有的价值体系的过程，是主体自我价值的一种确认，也是对原有自我价值体系的一种完善。同时，价值认同是个体或群体在社会实践过程中，对社会生活某个或几个基本领域的价值观念产生认可、共享，达成共识，以此作为衡量和规范自身思想、行为的准绳，作为人生追求的目标，并将其内化为自身的价值取向，形成稳定的价值体系的过程。

价值认同是认同的核心。相对于"认同"而言，"价值认同"则更为具体，它将认同的笼统的对象具体化，聚焦到了客体的价值。主体在社会生产生活实践的过程中，对社会生产生活中各个基本领域的价值观念产生认可、共享并达成共识，这些被广泛认可的价值观念就是概念中所说的客体价值。客体价值一旦被主体接受和认可，就会被主体作为衡量和规范个体思想、行为的标准，作为个体追求的目标，并逐渐内化为自身的价值取向。

价值认同是主体对客体价值的认可和接受。高等职业教育价值认同是主体对高等职业教育价值的认可和接受。为更深刻地理解价值认同的基本内涵，我们进一步对价值认同的特性进行分析。价值认同具有如下特性：

一是主体性，价值认同体现着某个主体的价值倾向，表示主体根据自己的需要依据一定的价值标准而进行的价值选择。这就意味着价值认同不能脱离主体，如果没有主体也就不会有价值认同，而且不同的主体在价值认同上会有差异。

二是文化性，人的本质具有社会性，因此个体的价值认同会受社会成员对客体价值认同结果的影响，社会成员在社会文化渗透中形成自己的价值判断标准，是社会文化的必然现象。

三是动态性，价值认同是主体在一定历史背景条件下进行的价值选择和价值认可，如果发生变化，主体的价值认同就会发生改变，因此价值认同是不稳定的，具有动态性。

此外，价值认同的主体性和文化性也决定了价值认同不是恒定的。

二、价值认同影响高等职业教育发展

高等职业教育的问题应以价值认同理论为支撑,高等职业教育价值认同影响高等职业教育的发展。

首先,价值认同主体的选择决定着高等职业教育的价值选择。如果我们认为主体是政府,高等职业教育的发展就是为了政府的利益诉求,表现为实现政府决策者的政治需要,那么高等职业教育的价值就会表现为其政治价值。如果主体是企业,高等职业教育的发展就反映了企业的利益诉求,表现为追求企业经济利益,那么高等职业教育的价值就会表现为其经济价值。如果主体是社会民众,高等职业教育的发展就是为了社会整体利益,那么高等职业教育的价值就会表现为社会价值。如果主体是学生,高等职业教育的发展就是为了实现学生的全面发展,那么高等职业教育的价值就会表现为个体价值。因此,价值认同主体的选择,决定着高等职业教育的价值选择,影响着高等职业教育的发展方向。

其次,主体间的利益博弈决定了高等职业教育的价值选择。高等职业教育一般被认为是有多元主体的,那么在价值认同的主体问题上,也一定是多元的,多元主体之间达成价值共识,是一个复杂动态的利益博弈过程,各主体根据自身的需要形成利益诉求,不同主体的利益诉求就会产生主体间的利益冲突。从冲突走向统一的过程就是一个博弈的过程。因此主体间利益博弈过程,决定了高等职业教育价值认同的结果。

最后,价值认同的文化性深刻影响着高等职业教育发展。文化与教育有着天然的联系,文化对高等职业教育发展有着重要的影响,教育既能传承文化又能创新文化,教育是文化的重要组成部分,一直都在接受文化的影响和浸染。主体在进行高等职业教育价值选择时,会受到文化的影响。高等职业教育作为教育体系的重要组成部分,处于传统文化、现代文化、社会文化、家庭文化、学校文化等不同文化类型博弈之中。文化既是高等职业教育价值认同的内在动因,也是推动高等职业教育发展的重要动力。

三、价值认同理论在研究中的支撑

价值认同理论在研究中发挥着重要作用,主要包括依据认同理论确定高等职业教育价值认同的内在结构,依据价值理论确定高等职业教育价值认同的客体，以及依据价值认同理论确定高等职业教育价值认同生成的主要影响因素。

（一）基于认同理论确定高等职业教育价值认同的内在结构

泰弗尔对认同进行了定义，他认为个体认识到他属于特定的社会群体，同时也认识到作为群体成员带给他的情感和价值意义。从这个解释中我们可以看到认同的内在结构，认同是一个由认知认同、情感认同和行为认同构成的复杂的动态过程。因此，笔者从认知认同、情感认同和行为认同的三个维度展开对认同历史和现状的考察。

无论哪个历史阶段，我们都可以依据认同的三个维度展开历史背景下高等职业教育价值认同情况的分析，这能使我们更为清晰地把握不同时空背景下，主体对高等职业教育价值认同生成的复杂的动态的心理过程。在现实考察中，我们可以依据认同的三个维度展开问卷和访谈提纲的设计，通过三个维度分析问卷调查和访谈的结果，形成当下高等职业教育价值认同的生成逻辑，从而更为清晰地掌握主体认同高等职业教育价值的具体情况。

（二）基于价值理论确定高等职业教育价值认同的客体

高等职业教育价值认同的客体是高等职业教育价值，如何解释高等职业教育价值，这就必须依据价值理论，将教育价值进行分类，并将其确定为高等职业教育价值的客体。

依据价值理论，教育价值分类大体可以概括为以下几个方面。首先，将教育价值分为本体价值和工具价值两种类型。瞿葆奎等在《教育基本理论之研究（1978—1995）》中提出，教育的本体价值指向人，表现为教育的内在价值，具体表征为教育的品德价值、个性价值、知识价值等；教育的工具价值则指向社会，表现为教育的外在价值，具体表征为教育的政治价值、经济价值、文化价值。[①] 其次，将教育置于社会结构中去考量，将教育价值分为社会价值和个体价值两种类型。王坤庆在《教育哲学——一种哲学价值论视角的研究》中提出，教育的社会价值强调教育在满足社会存在、延续和发展的需要的过程中体现出的价值；教育的个体价值强调教育在满足人的生活和人自身发展的需要的过程中体现出的价值。[②] 最后，从教育本身的特点出发，将教育价值分为"教育中的价值"和"教育的价值"两种类型。教育中的价值强调受教育者获得哪

[①] 瞿葆奎、郑金洲：《教育基本理论之研究（1978—1995）》，福建教育出版社，1998年。
[②] 王坤庆：《教育哲学——一种哲学价值论视角的研究》，华中师范大学出版社，2006年。

些价值；教育的价值则是指怎样的教育活动才具有教育的价值，才能使受教育者更有效地获得教育中的价值。

根据不同的分类标准，教育价值可以划分为不同的类型。每一种分类方式体现了研究者对教育价值分类的不同价值取向，同时在研究者提出分类标准及观点的时候，也就阐明了其教育价值取向及研究立场。结合中国高等职业教育价值认同中存在工具化倾向的弊端，以及高等职业教育价值认同在多元主体间的利益冲突与矛盾，笔者选择将教育价值分为本体价值和工具价值，这种分类依据的是教育围绕人而展开，教育的各种价值只能通过人来实现，人的发展的本体价值是社会发展的工具价值的基础，同时在人、自然、社会的关系中，人是协调三者能否和谐发展的能动因素，人的发展的本体价值调控社会发展的工具价值。教育的本体价值是指教育促进人的全面发展的价值，促进人的物质生命与精神生命的统一。教育的工具价值是指教育通过人的发展对政治、经济、社会文化发展产生影响作用。

（三）基于价值认同理论确定高等职业教育价值认同生成的主要影响因素

基于价值认同理论的深入分析，可以深入讨论高等职业教育价值认同的生成过程。首先，价值认同的主体性的首要任务是确定主体是谁，因此分析高等职业教育价值认同问题，必须讨论高等职业教育价值认同的主体是谁。其次，价值认同的文化性决定了高等职业教育价值认同的生成必然离不开文化的影响，因此分析高等职业教育价值认同问题，必须深入探析高等职业教育价值认同背后的文化根源。最后，高等职业教育价值认同的主体是多元的，彼此之间会产生不同的利益诉求，价值认同的结果会走向趋同。不同主体之间的利益冲突经过利益博弈，最终会走向博弈均衡。因此，讨论高等职业教育价值认同问题，必须讨论主体间的博弈过程。

第二节　利益相关者理论

高等职业教育价值选择涉及多个利益主体，高等职业院校、学生、用人单位、政府部门等都是其中的利益群体，不同的群体对于高等职业教育的理解、需求和行为方式都存在着差异，但是，高等职业教育价值选择却实实在在受到这些利益主体行为决策的影响。因此,有必要确定高等职业教育价值认同的利益主体。

一、利益相关者理论的嬗变

爱德华·弗里曼(Freeman)等首次对利益相关者的基本内涵做出解释。他认为利益相关者主要是指那些能够影响组织的目标实现,或者在组织实现目标过程中被影响的任何个人和群体。① 基于弗里曼等的解释,弗雷德里克(Frederick)、查卡姆(Charkham)等人对利益相关者进行了进一步更为具体的界定。他们认为可以根据关系类型或者重要程度将利益相关者进行分类排序。② 米切尔(Mitchell)等人在结合了前人对利益相关者分析界定的基础上提出了利益相关者评分法,将对利益相关者的解释与分类有机结合起来,依据合法性、权利性和紧迫性三个属性,将组织的利益相关者划分为确定型利益相关者、预期型利益相关者和潜在型利益相关者三种类型。米切尔的利益相关者评分法操作起来比较简单,得到了学界的广泛认可,被认为是利益相关者理论的重大进步。③

2005年,胡赤弟将利益相关者理论应用于高等教育的范畴,提出高等教育的利益相关者可以分为权威利益相关者、潜在利益相关者和第三层利益相关者。④ 2011年,李名梁等人将利益相关者理论应用于职业教育,提出职业教育的利益相关者包括学生、教师、学校管理者、政府和企业等。⑤ 在高等职业教育的研究中,特别是高等职业教育的多元主体研究中,利益相关者理论被广泛应用,大多学者认为高等职业教育的主要办学主体是政府、企业和学校。

---

① 爱德华·弗里曼等:《利益相关者理论:现状与展望》,盛亚、李靖华等译,知识产权出版社,2013年。
② 爱德华·弗里曼等:《利益相关者理论:现状与展望》,盛亚、李靖华等译,知识产权出版社,2013年。
③ 爱德华·弗里曼等:《利益相关者理论:现状与展望》,盛亚、李靖华等译,知识产权出版社,2013年。
④ 胡赤弟:《高等教育中的利益相关者分析》,《教育研究》,2005年第3期,第38~46页。
⑤ 李名梁、谢勇旗:《职业教育利益相关者:利益诉求及其管理策略》,《职教通讯》,2011年第21期,第5~9页。

二、高等职业教育价值选择与主体利益密切相关

探讨高等职业教育价值认同的主体必须依据高等职业教育的相关主体。当然,高等职业教育价值认同的主体有很多,笔者将关乎高等职业教育未来发展、直接和高等职业教育产生利益关联的个体或群体作为讨论的主体。高等职业教育的主体就是和高等职业教育密切相关的个体或群体,所以,本研究对高等职业教育价值认同主体的选择是高等职业教育的主体。

高等职业教育的主体的选择,可以从教育学的视角出发,传统教育认为教育的主体是教师,或以学生为中心的教育强调教育的主体是学生和教师。但是高等职业教育的发展一直伴随着强烈的利益驱动,所以探讨高等职业教育问题,不是简单分析教育领域的问题。要深入探讨高等职业教育价值认同,必然要从利益出发,结合其天然的教育属性来确定其主体问题。因此,依据利益相关者理论讨论高等职业教育价值认同,不仅尊重了高等职业教育发展历史脉络中利益驱动的事实,更尊重了高等职业教育中不可忽视的人的发展问题。

三、基于利益相关者理论确定高等职业教育价值认同主体

结合教育基本理论,我们可以从利益相关者的角度来确定高等职业教育价值认同的主体,具体可以通过利益相关者理论的支撑作用来确定。

首先,运用利益相关者理论发现高等职业教育主体的多元化。笔者认为中国高等职业教育受多元利益相关者的影响,不同利益主体有着不同的利益诉求,并且通过不同的方式影响和制约着高等职业教育的发展,形成高等职业教育特有的利益结构,从而不可避免地产生"社会依赖性",与其相关的利益组织也很复杂,包括学生、国家政府部门、院校自身、用人单位、校友等。

其次,根据米歇尔的利益相关者分类理论确定高等职业教育价值认同的主要主体并进行排序。依托利益相关者理论,从正统性、影响力和紧急性三个属性,以及从高到低的层次对高等职业教育利益主体进行划分。笔者认为学生、学校、政府部门、用人单位属于确定利益型主体,校友、其他学校都属于蛰伏利益型主体。

最后,将利益相关者理论与研究目的结合。如果选择学生、高职院校、政府、用人单位为高等职业教育的主体,那么高等职业教育价值认同的考察对象

应该为学生、高职院校、政府、用人单位这四类群体。

第三节 文化分层理论

鉴于文化与价值认同、高等职业教育分别有着天然而密切的联系，笔者从文化视角探析高等职业教育价值认同生成的文化根源。

一、文化与高等职业教育价值认同的联系

文化与认同有着天然而密切的联系。查尔斯·泰勒从文化的角度探讨现代认同的形成过程。他认为现代认同包括三个方面：一是现代的内在性，指作为带有内部深度存在的我们自身的感觉，以及我们是"我们自己"的联结性概念；二是由现代早期发展而来的对日常生活的肯定；三是作为内在道德根源的表现主义本性概念。[①]

文化与价值认同之间存在双向循环互动的关系。文化影响并塑造了人们的价值认同，文化对人的精神领域的影响是潜移默化和循序渐进的。文化存在于外在环境之中，但是人的内在的价值观念、行为方式和心理变化等均受到外部文化的浸染和影响，文化引导着人们的价值认同。在文化影响下，主体在无形中形成了特定的价值判断标准，促使其调整价值的追求。换句话说，外部的文化会影响和制约主体内在的主观意识，包括认知、情感和行为，从而形成其对客体的价值认同。同时主体在价值认同基础之上的日常行为举止也会映射到生活之中，又反过来影响外部的文化。因此，文化与价值认同之间是一个双向的动态的制约循环过程，二者之间密切相连、相互促进、互相制约。

文化对高等职业教育发展有着重要的影响作用。教育传承文化、创新文化，教育是文化的重要组成部分，受到文化的浸染。高等职业教育作为教育的一种类型，是处于传统文化、现代文化、家庭文化、学校文化等不同文化类型影响、博弈之中的一种教育形态。文化既是高等职业教育价值认同的内在动因，也可以成为高等职业教育发展的重要动力之源。文化在人类生存发展中具

---

① 查尔斯·泰勒：《自我的根源：现代认同的形成》，韩震、王成兵、乔春霞等译，译林出版社，2012年，序言第2页。

有时间上的持存性，为高等职业教育价值认同研究提供了历时性的研究保障。高等职业教育价值认同不仅仅是一种时间性向度，而且是一种极其复杂的文化过程，其中有悖论式的实践价值取向，以及交织着内在紧张和冲突的存在结构。高等职业教育价值认同不仅具有历史性的特点，还具有全球化的特点，因此文化在人类生存发展中具有空间上的多元性和融汇性，为实现高等职业教育价值认同比较研究提供了良好的条件。

二、基于文化分层理论探析高等职业教育价值认同生成的文化根源

由于文化与高等职业教育价值认同有着天然而密切的联系，我们可以选择不同文化层次的表现样态分析价值认同的形成过程，分析与探讨高等职业教育价值认同形成的文化根源。基于巴登尼玛、卢德生对文化分层的解释，笔者认为文化有三个层次，由内及外依次包括价值层、行为层和制度层。价值层是指基于人全部思维和行动的生命理解而派生出来的不同类型的价值观念和价值判断，是文化的核心层，是构成文化的基石，同时也是构成文化的内容。行为层是指以价值层为指导的行为实践，是思想和价值的外显层。制度层是指用于协调、规范所有人的行为和习惯而建立的制度或规范。

第一，制度是价值认同的保护层，可以为价值认同的生成保驾护航。制度可以促使人们认同并凝聚不同的群体，群体中的成员都一致遵守制度。制度是判断事物的一种合理样态。它不是永恒不变的，会根据时间、空间等条件的改变而发生变化，即制度的生成受制于各种实际状况。制度又分为正式制度和非正式制度两种类型，通常正式制度是成文的，具有强制性。而非正式制度通常是潜移默化形成的，大多是群体成员自发建立并乐意接受的。制度作为文化的秩序层面，具有有序性、稳定性等特点。制度通过其内在机制来保障其不受冲击，但在此过程中允许制度进行自我纠偏。一方面，制度约束着群体的行为；另一方面，制度有利于促进群体实现共同目标的行动。在特定条件下，当制度受到强烈冲击而不符合发展趋势时，当初建立的机制会自主启动运行并进行纠偏，随着外部环境的变化而不断调整，在保留原有对客体的核心价值认同的同时，还会因势而变，进一步协调制度和价值认同的关系，从而实现制度的稳定，形成新的价值认同。

通过高等职业教育制度分析价值认同的形成过程及其形成的文化根源可知，高等职业教育制度是指高等职业教育在运行过程中要遵守的正式的法律法

规和规范，同时还包括那些要遵守的具有象征性意义的系统，即被社会大众普遍接受的认知观念。高等职业教育制度包括非正式制度和正式制度两种类型。非正式制度对高等职业教育价值认同的形成起着不可忽视的渗透、浸染和影响作用，正式制度是通过行政手段对高等职业教育价值认同的形成发挥作用。

第二，文化的行为层是一种表现形式的认同，人们可以通过一系列的行为要素，比如人类语言、行动等特殊形式展现自己的价值认同。文化长期积累下来的瑰宝和精华，涵盖了人们生存生活的方方面面，人们在生活中生产创造的各种各样的文化建筑、风土人情、吃穿住行等都受到了文化的浸染。主体对客体的价值认同会通过行为方式表现出来，这些行为体现了人们在生活中对各类事物自然流露出的欣赏、认可和接受。因此，文化行为层的作用主要体现在两个方面：一方面，价值认同的核心需要这些外在行为实践不断积累现实经验和基本素材，用来服务于价值认同；另一方面，价值认同离不开行为实践，需要行为实践体现主体对客体的价值认同。

人类行为是人类在生活中表现出来的生活态度和具体的生活方式。一般来说，人的行为包括五个基本要素，分别是行为主体、行为客体、行为环境、行为手段和行为结果。高等职业教育的行为实践主要包括教育主体运用教育的内容、方法、组织形式、各种教育设施及设备开展教育实践活动，以此提升受教育者运用智慧处理知识的过程。因此，高等职业教育行为实践分析，可以通过高等职业教育的人力、财力、物力资源的配置情况等探析教育背后的价值判断，从而追寻高等职业教育价值认同的文化根源。

第三，文化的价值层是价值认同形成的核心层。核心层涵盖了人们对事物的价值观念、思维方式和审美方式等价值认同的许多方面。主体对客体事物在价值层上的价值认同是维系客体整体稳定存在与否的重要枢纽。价值层作为核心层，代表了主体的主要观念和所追求的目标。价值层一旦崩塌，主体对客体的价值认同将随之解散而消失。因此，主体从价值层面对客体的价值认同，才是主体对客体最本质的认同，才能引导人们从行动到制度上形成一致的意识体系，形成相对稳定的价值认同结果，随后人的行为表现才会符合其所在外部文化的价值观念。

教育价值是指教育对人和社会的意义，主要包括本体价值和工具价值。本体价值指教育本身固有的价值，工具价值是指通过教育可实现的价值，教育不具有直接满足主体需要的属性，它的价值体现在促使其他价值实现和完善的过程中。高等职业教育价值分为本体价值和工具价值，不同的主体在不同的历史阶段中对高等职业教育价值的选择有所不同，因此，分析高等职业教育价值形成的过程就是对高等职业教育形成价值认同的过程，分析高等职业教育价值形成的文化根源，就是在分析高等职业教育价值认同形成的文化根源。

第四节 分析框架

基于文化的视角，笔者利用文化分层结构进行分析，探寻高等职业教育价值认同偏差形成的深层根源。此外，前文中对高等职业教育和高等职业教育价值认同两个概念的界定表明了研究立场，这一立场贯穿本书始终，同时形成了高等职业教育价值认同的分析框架。

一、内容的分析框架

高等职业教育价值认同的内容维度决定了如何展开研究主体，高等职业教育价值认同是一个抽象的概念，如何在历史和现实中考察到研究需要的资料，关键在于我们如何解构研究主体，即高等职业教育价值认同。

通过高等职业教育价值认同的界定，确定高等职业教育价值认同的内在结构。前文将高等职业教育价值认同界定为主体对高等职业教育认识和理解的基础上，根据自身需要来进行价值选择时所表现出来的立场、态度的一种价值倾向性，并最终指向行为实践。基于此，形成了高等职业教育价值认同的内在结构，分为认知理解、情感态度和行为实践三个维度。基于这三个维度，笔者在历史梳理中，围绕人们对高等职业教育的认知理解、情感态度和行为实践展开。在现实考察中，也运用这一分析框架进行问卷和访谈提纲设计，从而构成高等职业教育价值认同的内容维度。

通过高等职业教育价值的分类，确定高等职业教育价值认同的类型维度。高等职业教育价值分为本体价值和工具价值两种类型。基于此，形成并确定了高等职业教育价值认同的类型维度，从而为总结、归纳高等职业教育价值认同的历史和现实状况构建了分析框架，使得纷繁复杂的价值认同问题围绕一个中心进行判断和归类。

二、主体的分析框架

价值的主体性使得高等职业教育价值认同主体的确定成为研究的关键。然而在现实利益驱动下的高等职业教育价值认同主体和关注生命存在的高等职业教育价值认同主体，有着一定的差距，而这两种不同的主体划分，都是本书需要讨论和面对的重要问题。我们不能逃避现实世界，只是空想教育的生命主体，也不能沉浸利益之中，遮蔽教育本真存在。

通过利益相关者理论确定高等职业教育价值认同主体。笔者运用米切尔的利益相关者理论确定高等职业教育价值认同主体为学生、高等职业院校、政府、用人单位四类群体，并将这四类主体作为现实考察的对象，同时将这四类主体作为利益博弈的多元主体展开分析。

通过教育本真理论确定高等职业教育价值认同主体。基于学者对教育的界定，将高等职业教育理解为从个性出发，人类为了谋求生存和未来生活而不断提高其处理和使用职业知识的智慧的生命过程。从这一理解出发，高等职业教育价值认同主体是个体生命，即享受高等职业教育的学生。

在理论建构部分，笔者认为不能忽视政府、高等职业院校、用人单位等实存的社会主体，但是学生个体更不能忽视，学生主体性必须归位，学生是教育的目的，学生不是工具。学生是教育的第一主体，发展学生个体生命才是高等职业教育的根本价值。

三、根源的分析框架

笔者从文化分层结构和利益博弈的视角，分析高等职业教育价值认同产生偏差的深层根源。

通过文化分层结构分析高等职业教育价值认同产生偏差的内在文化根源。根据文化分层结构的制度、行为和价值观念三个维度，解释主体在社会文化浸染的影响下导致高等职业教育价值认同产生偏差。同时为构建理想的高等职业教育价值认同的社会支撑指明方向。

总之，笔者根据教育本真理论、文化分层结构和价值理论等相关理论，形成了以生命发展为立场，以文化为视角，解释高等职业教育价值认同产生偏差的根源的研究思路。

第三章　高等职业教育价值认同的现实考察

第一节　改革开放以来高等职业教育价值认同

改革开放以来，我国社会主义经济建设进入快速发展期，经济产业结构也在不断转型升级。高等职业教育经历了前期摸索、跨越式大规模发展和提升教育质量三个阶段。无论是哪个阶段，高等职业教育都始终围绕服务社会经济建设和经济发展展开，虽然这条道路曲折又艰辛，但人们无论是在认识上、情感上，还是在行动上，都始终对高等职业教育服务社会经济的价值产生强烈的认同。

一、意识形成：服务社会经济

1978 年 10 月，职业教育事业进入新一轮的发展建设之中。政府将社会主义现代化建设作为其重要工作内容。邓小平同志提出将教育事业作为政府发展的重要工作内容，明确强调教育在社会经济建设中的重要作用和意义，提出优先发展和大力发展教育的战略决策。教育事业重获新的发展机遇，进入新的快速发展阶段。在这个阶段，高等职业教育的价值也随之转移到以经济建设为中心，高等职业教育逐渐恢复重建和发展。

（一）服务社会经济的意识萌芽

1978—1998 年，高等职业教育服务社会经济价值认同的认识处于摸索阶段。1978年12月，中共十一届三中全会召开，作出把党和国家的工作中心转移到经济建设上来。这一时期政府希望通过职业教育来提高从业人员素质的意识开始萌芽。很多地区特别是沿海经济发达地区和正在快速发展的地区，越来越多地需要应用型技术人才。原有职业技术教育在规模、层次和结构等方面已经不能满足社会经济发展的需要，经济的快速发展迫切需要一批技术技能人员，需要职业教育来实现对所需人才的培养。政府通过举办短期职业大学的形式来发展高等职业教育，一定程度上缓解了培养技术型人才的教育压力。

1986年，"高等职业教育"一词在政府政策文件中第一次提及。1991年，国务院颁布的《关于大力发展职业技术教育的决定》明确了高等职业教育的定位，提出高等职业教育是职业教育体系的重要组成部分。政策的出台，促进了人们对高等职业教育作为一种教育类型的认识。在不断探索中，人们从思想上对高等职业教育的经济价值产生了明显倾向性，高等职业教育服务社会经济的价值认同得到了广泛的认可。因此，在政府对高等职业教育价值的探索过程中，服务社会经济的意识也随之形成并逐渐深化，通过一系列的实践尝试，政府对高等职业教育价值的认识，也从原来的"服务经济建设"逐步走向"服务当地经济建设"。

20世纪90年代是我国社会主义现代化建设的重要阶段，随着社会经济的快速发展，人们对高等职业教育产生了新的认识和要求。这一时期我国经济建设飞速发展，但随之而来的经济快速发展与高素质技术人才紧缺的矛盾也日渐凸显。对于一直以来服务于经济建设的高等职业教育，人们产生了新的认识并赋予了它新的历史使命。高等职业教育如何适应我国产业结构调整和促进社会经济增长，如何实现高等职业教育的经济价值和政治价值，高等职业教育如何推动和促进现代化建设，成为这一时期人们希望改革高等职业教育的新任务。同时，在这一时期人们认识到高等职业教育的有关法规和配套政策不健全，呼吁加强教育立法，对高等职业教育在政策上进行规范化。

（二）发展"大众教育"

1999—2005年，在国际和国内经济形势的影响下，高等职业教育无论在规模还是在教学质量上都称得上是跨越式发展，高等职业教育服务社会经济的价值得到进一步深化和聚焦。党的十六大提出走新型工业化道路，进行经济结构调整。随后我国产业结构开始调整和优化，经济增长方式发生转变，迫切需要一批实用型、技能型的高素质人才。在此背景下，高等职业教育服务经济建设和经济发展的价值认同得到进一步深化，成为推动发展高等职业教育的内在动力。

随着人们物质生活水平的提高,对接受高等教育的需求也日益增强,希望接受高等教育的高中生越来越多。中国原有的高等教育规模与人们日益增长接受高等教育需求之间产生了较大矛盾。1999年,国务院作出重大决策,明确提出开展高等教育大众化建设,努力实现高等教育"大众教育"目标。政府将高等职业教育看作高等教育大众化的重要途径,高等职业教育成为高等教育的重要组成部分。因此,高等职业教育价值认识在原有服务经济建设和经济发展的基础上进一步深化,成为推动经济建设、实现高等教育大众化的重要途径。

(三)从规模发展转向提升服务水平

2006年至今,经过经济建设的全面推进,我国全面建成小康社会。政府认识到高等职业教育要依据国家经济社会发展的具体形式进行特色化建设,单纯地发展高等职业教育规模不能解决这个时期经济发展所需的人才问题,只有提高教育质量,才能提升高等职业教育服务经济建设和经济发展的能力。在这一时期,经济产业结构需要升级改革,社会经济发展迫切需要适应新经济结构的高级技术技能型人才,政府将高等职业教育与科教兴国和人才强国密切相连。

随着以人为本和促进公平思想的不断深入,国家也逐渐认识到不能单纯地重视高等职业教育服务社会经济的价值,也开始关注到教育中学生个体发展需求,关注教育的公平问题。2014年,习近平总书记在全国职业教育工作会议上就加快职业教育发展作出重要指示,强调职业教育是国民教育体系和人力资源开发的重要组成部分,是广大青年打开通往成功大门的重要途径。

随着高等职业教育规模的迅速扩张,人们逐渐认识到高等教育大众化实现了跨越式发展,并且高等职业教育在此发展中发挥着举足轻重的作用。但是,高等职业教育师资队伍、教学条件、教学内容、中高职衔接等方面长期积累的问题没有得到有效解决,高等职业院校毕业生难以达到我国产业升级所需专业技能水平过硬、具有创新意识和工匠精神的应用型人才的要求,更影响了我国实现制造业强国的战略目标,高等职业教育质量有待提升。

二、情感期盼:服务经济建设

随着社会产业结构的不断优化调整,社会经济发展对高素质技术技能型人才的需求日益紧迫,人们在达成高等职业教育能解决这一问题的基本共识之后，开始对高等职业教育服务经济建设产生情感期盼。从希望高等职业教育能缓解经济发展人才需求压力开始，到期待其实现高等教育大众化，再到提升其服务国家建设和经济发展的能力、水平，人们在情感态度上对高等职业教育服务经济建设的价值认同进一步深入和强化。

（一）缓解经济发展人才需求的情感期盼

政府期望通过发展高等职业教育来缓解经济发展所需的技术型人才的压力，因此高等职业教育是围绕经济建设的。随着改革开放的不断深入，社会经济进入迅猛发展阶段，政府提出经济体制改革的思路，传统产业结构将会调整和优化。经济的发展对人才的需求也进一步提高，产业结构的调整必然对各行各业的技术技能型人才提出更高要求，人们对高等职业教育服务经济发展，以及为经济建设提供高素质技术技能型人才充满感情期待，希望高等职业教育的发展能够解决改革开放以来社会经济建设和发展中人才需求的问题。现实中我国高等职业教育相对滞后，人才培养的数量和质量都不能满足社会经济快速发展和产业结构优化带来的人才需求。

20世纪90年代，高等职业教育的发展无论是在规模，还是在院校数量及在校生人数上，都得到了较大增长。这一时期，随着我国产业结构的调整和优化，服务经济建设的高等职业教育的工作重点也逐渐转移到调整结构布局上。同时，人们对高等职业教育也提出了新的要求，并寄予新的情感期盼，即希望其积极适应我国产业结构调整节奏和经济发展速度，并希望其由规模扩张向优化结构的发展方式逐步转变。因此，人们开始从政策和法律上进行呼吁，希望从法律层面给予高等职业教育明确的身份，使其定位更加精准地服务于经济发展。

（二）高等教育"大众化"的主力军

1999年我国大力开展高等教育大众化建设，高等职业教育在此过程中扮演着非常重要的角色，被人们认为是高等教育大众化的生力军。

随着改革开放的不断深入，我国产业结构不断优化调整，社会经济迅猛增长。社会主义市场经济的快速发展对人力资源提出了更高要求，社会迫切需要大量高级技术技能型人才，因此，提高整体人力资源素质，进而提升经济发展水平等越来越重要。此外，高等教育在促进社会垂直流动方面呈现出良好前景，使得社会大众接受高等职业教育的需求日益增加。

1998年，受亚洲金融危机的影响，政府试图通过扩大内需来恢复经济发展,实现经济软着陆。有学者提出通过扩大高校招生来增加消费需求,同时增加培养劳动力,缓解就业压力。高等教育大众化为新一轮经济发展储备了高级人才。高等教育大众化成了刺激市场内需的手段,推动经济建设的重要途径,但不是高等教育发展的目标。高等职业教育在数量和规模上可谓高等教育的半壁江山,是高等教育重要组成部分,在高等教育大众化的进程中发挥重要作用,也因此肩负着刺激市场内需和推动经济建设的重任。

(三) 提升服务社会水平的情感期盼

自 2006 年至今,政府希望通过高等职业教育布局与经济产业结构匹配,提升高等职业教育质量和办学水平,实现高等职业教育服务经济产业结构升级,推动实现制造业强国的战略目标。认识到高等职业教育长期存在师资队伍、教学内容、教学条件、中高职衔接等方面问题,政府期望通过部分高等职业院校的双师型队伍建设、人才培养模式的创新优化,以及加强部分高等职业院校专业建设和课程建设并树立标杆和榜样,促进提升高等职业教育的教学水平和教学质量,从而带动高等职业教育整体水平的提升,且试图调动其他社会资源合力办学,发挥优质教学资源的共享功能和辐射作用,全面提升高等职业教育服务社会的能力。

2006 年 11 月,《教育部、财政部关于实施国家示范性高等职业院校建设计划 加快高等职业教育改革与发展的意见》出台,政府希望通过一批优秀的具有示范性的高等职业院校开展内涵建设,并以此为模范引领,促进整体高等职业教育提升教学水平和教学质量。这个阶段的办学特色和教育质量主要强调的是,高等职业院校毕业生素质与经济结构升级所需人才的匹配度,以及高等职业院校设置的专业和课程与行业企业及岗位的匹配度,也就是高等职业教育服务社会的水平。

随后,政府下发关于骨干高等职业院校项目建设文件和优质院校项目建设文件,进一步明确了高等职业院校的建设目标,即高等职业教育要培养社会经济发展所需的技术型人才。为了进一步延展示范性院校建设内容和建设效果,政府提出高等职业教育建设骨干院校建设和优质院校,以促进高等职业教育教学水平不断提高,适应社会经济的迅速发展。同时政府大力提倡建设开放型职业教育体系,鼓励示范院校、骨干院校和优质院校积极进行国际交流,将国外先进的教学理念和教学方法吸收过来,提高我国职业教育教学水平和国际竞争力。

三、行为实践：持续发展扩张

政府通过一系列的政策推动高等职业院校经历了举办、快速规模发展和内涵发展三个阶段。在每一个阶段，高等职业教育都取得了一定成效，在服务社会经济建设方面得到了社会的广泛认同。

（一）改革开放后的实践摸索

1978年至1991年，高等职业教育及时回应经济发展和社会进步的需要，无论在高等职业教育政策，还是在高等职业院校创办及调整方面都进入了实践探索阶段。这期间国家为经济发展培养人才举办的职业大学，开启了新中国发展高等职业教育的新征程。改革开放全面推行之后，为了响应政府号召，满足经济发达地区对高素质技术技能型人才的迫切需要，国家教育委员会提出创办地方性职业大学，使得高等职业教育的规模得到了迅速扩展，高等职业院校数量大幅度增加。

1980年，国家教育委员会批准建立了一批由地方政府举办的高等职业院校，在专业设置、招生对象、学制、培养目标等方面都做了明确的规定。1983年，政府明确提出鼓励地方政府在经济发达城市举办高等职业院校，并鼓励企业积极参与。1985年，《中共中央关于教育体制改革的决定》首次提出"高等职业教育"这一概念；同时要求中心城市举办高等职业教育，对办学体制、办学模式做出具体要求，选择部分学校为新模式试点院校，适应了我国高等职业教育服务经济建设的实践要求。1986年，政府明确提出高等职业教育的重要地位。1987年，政府进一步提出，可以通过"职工大学、职工业余大学以及管理干部学院"等方式举办高等职业教育。该政策进一步明确了高等职业教育在教育领域中的类型，确定了基本结构，同时高等职业教育服务经济建设的价值认同也得到了进一步明确。1991年，政府进一步对高等职业教育的专业设置、培养目标和就业等方面做出规定，以区分其与普通高等教育；提出高等职业教育应当在充分满足当地经济发展需求前提下，结合实际办学水平，根据产业结构和社会经济状况调整办学方向。这进一步明确了高等职业教育服务经济建设的价值认同，特别是服务当地经济建设。1993年，政府进一步阐明高等职业教育是现代教育的重要组成部分，鼓励举办多层次职业技术教育，其培养目标为"技艺性强的高级操作人员"。1996年，我国通过《职业教育法》，确立了高等职业教育的法律地位。1998年，《中华人民共和国高等教育法》明确提出，大学、独立设置的学院主要实施本科及本科以上教育，高等专科学校实施专科教育。

综上所述，我国高等职业教育随着改革开放的不断深化，其服务经济建设的价值越来越明确，越来越深入，但是其作为教育的本质越来越被淡化，就连其不断被明确的身份也越来越模糊，"职业教育中的高级层次"和"高等教育中的职业类型"两种身份的兼而有之，使得高等职业教育在后续的发展中处于尴尬境地。

（二）大众化进程下的跨越式发展

1999年，政府明确提出"探索以多种形式、多种途径和多种机制发展高等职业技术教育"，通过各种途径推动高等职业教育发展。2000年，政府明确提出大力举办和发展高等职业教育。2002年，政府明确了高等职业教育具体规模，指明了办学方向。2004年，政府肯定了地方政府作为高等职业教育的主体地位，提出了树立示范引领高等职业教育教学质量的目标。2005年，政府明确提出高等职业教育在招生规模、建立示范引领院校等方面工作的具体要求。

在社会经济快速发展、产业结构升级和大众化教育的共同作用下，我国高等职业教育在规模上取得前所未有的跨越式发展。在高等教育大众化进程下，高等职业教育在办学规模和在校生数量等方面呈现前所未有的良好态势，高等职业教育成为高等教育大众化进程的主力军。

（三）示范性建设提升服务水平

2006年，政府明确提出全国范围内择优建设示范性院校，并通过示范引领促进整个高等职业教育教学水平的全面提升，确保高等职业教育更加切合现代社会经济发展的需要，切实实现人们对高等职业教育服务经济建设和经济发展的价值期盼。2006年开始，高等职业教育进入内涵式发展和改革的示范期。2010年，政府在完成示范院校验收的同时，提出在全国范围内择优建设国家骨干高等职业院校，进一步延展示范建设内容和建设成果。2014年，政府提出高等职业教育要为国家建设提供人才供给和人才保障，加强高等职业教育的产教融合、校企合作等办学模式。2015年以来，政府多次提出发展高等职业教育内涵，在高等职业教育制度创新、课程建设、师资培养等方面提出希望和要求。2019年，政府再次明确了高等职业教育质量要求、人才培养标准、制度建设等内容。

第二节　高等职业教育价值认同的现状考察

结合教育基本理论和利益相关者理论，笔者认为高等职业教育多元主体在利益影响下，有着不同的利益诉求，这种利益关系影响着高等职业教育的发展，形成高等职业教育特有的利益结构，从而使得多元主体之间形成"社会依赖性"。首先，根据分析结果，与高等职业教育有利益关系的主体包括学生、政府部门、院校自身、用人单位、校友等。其次，根据米歇尔的利益相关者分类理论，对高等职业教育利益主体基于正统性、影响力和紧急性的三个维度从高到低进行划分，认为学生、学校、政府部门、用人单位属于确定利益型主体，校友、其他学校都属于蛰伏利益型主体。因此，笔者认为学生、高职院校、政府、用人单位为高等职业教育价值认同的主体，那么考察对象应该为学生、高职院校、政府、用人单位这四类群体。

对价值认同内在逻辑的解构是设计考察内容的基本理论依据。价值认同是指主体基于自己的价值目标，在价值活动中表现出来的立场、态度、基本倾向，价值认同最终指向行为实践。在对高等职业教育价值认同现状进行考察时，笔者主要从高等职业教育的认知理解、情感态度和行为实践三个维度，设计、编制调查问卷和访谈提纲，并展开问卷调研和深度访谈，以揭示高等职业教育价值认同的基本样态。

根据以上思路，笔者初步编制了调查问卷，随后根据专家意见设计调查问卷题目和问卷内容，对调查问卷进行调整和完善。首先，在设计调查问卷题目和问卷内容阶段，向 1 名教育学教授、3 名教育学博士、3 名高等职业院校学生征询意见并进行完善和修改。其次，在完善问卷表达阶段，向 1 名高等职业院校辅导员了解学生对题目的理解情况，征询 2 名教师对题目语句表达的看法，并根据以上意见进行完善和修改，最终形成调查问卷。

笔者选择深圳市、无锡市、天津市、成都市四个不同地区的城市，根据办学规模和办学水平，选择 6 所高等职业院校的 1575 名学生以问卷星的方式采用线上问卷星调查，并对调查结果进行了信效度检验。

笔者采用内部一致性系数（Cronbach Alpha，即 α 系数）进行信度检验。通过 SPSSAU 分析得出"高等职业教育价值认同调查"的总问卷的 Cronbach α 系数为 0.837。由此说明，该问卷具有较好的信度，调查的数据具有可靠准确性。

笔者使用 KMO 和 Bartlett 的检验进行效度验证，通过 SPSSAU 分析得出 KMO 值为 0.918，KMO 值大于 0.8，说明研究数据非常适合提取信息，也从侧面反映出效度较好。

笔者主要针对高职院校的管理者和教师、用人单位管理者三个群体设计了访谈提纲。深度访谈是一种运用开放式问题获得相关数据、了解参与者想法的方法，涉及个体如何看待他们的世界，如何解释他们生活中的重要事件。为了实现深度访谈，更准确地考察对象内心的真实想法，笔者在访谈者与被访谈者之间相互交换看法、达到深入交流对高等职业教育价值认同的理解和认识、确保被访谈者敞开心扉没有心理负担的基础上，尽可能创造舒适的访谈空间，让双方不受干扰、轻松自由。

为了深入了解学校对高等职业教育价值认同的真实情况，笔者选取了 6 所高等职业院校的 6 名管理者和 12 名教师作为访谈对象。6 名管理者都是高等职业院校的院级管理人员或教学部门管理人员，12 名教师在岗位、教龄、职称方面具有一定代表性，可以较为充分地反映当前高等职业院校对高等职业教育价值认同的现状。为了方便深入研究，笔者对访谈过程进行全程录音，并对录音资料进行整理和编码。编码规则中包含的关键信息为学校、身份、称谓和访谈时间，如"SZ—M—L—200513"表示在 2020 年 5 月 13 日对 SZ 学院的管理者李某进行访谈，"SZ—T—L—200513"表示在 2020 年 5 月 13 日对 SZ 学院的教师刘某进行访谈。对高等职业院校的访谈时间主要集中在 2020 年 5 月至 2021 年 1 月。

为了准确把握用人单位对高等职业教育价值认同的真实情况，笔者对 3 所高等职业院校连续 3 年的毕业生就业统计数据进行了分析，并在长期合作的企业中，根据大、中、小企业规模选择了 6 个公司中的人力资源管理人员或用人部门负责人作为访谈对象，每个公司选择 1 人，共计 6 名访谈对象。为了充分地反映当前用人单位对高等职业教育价值认同的真实情况，6 名公司管理者在所在公司规模、用人经验、考核评价等方面具有一定代表性。为了方便深入研究，笔者对访谈过程进行全程录音，并对录音材料进行整理和编码。编码规则中包含的关键信息为公司、管理者和访谈时间，如"CH—M—W—200513"表示在 2020 年 5 月 13 日对 CH 公司的管理者王某进行访谈。对用人单位管理者的访谈时间主要集中在 2020 年 5 月至 2021 年 1 月。

为了准确把握政府对高等职业教育价值认同的现状，笔者力图客观全面地搜集与研究相关的方方面面的文本资料，以便进行文本分析时有材料的保障。

首先，笔者通过互联网在中国高职高专教育网、教育部官网等网站以"高等职业教育政策"为关键词，对2016年至2021年的高等职业教育相关政策文本进行了检索，搜集与研究对象和研究目的相关的较为翔实的资料，从而为深入了解政府对高等职业教育价值认同做好前期考察准备。其次，通过教育年鉴、期刊文献和教育统计年鉴等获得与高等职业教育政策相关的文本资料。

一、"工具性"的普遍认识

（一）高等职业教育被视为个人谋生的手段

在被调查的高等职业院校在校生中，绝大部分学生认为自己清楚高等职业教育在教育体系中的位置、高等职业教育的特点、所在学校的办学定位、所在专业的培养目标、高等职业教育的价值等相关问题。在"高等职业教育的优势"这一问题的回答中，有39.62%的学生认为是高等职业教育的职业性，有41.21%的学生认为是高等职业教育的技术性；在"高等职业教育最主要的价值是什么"的问题回答中，有46.92%的学生认为是掌握一门技术。问卷中认知理解维度调查统计详见表3-1。

表3-1 认知理解维度调查统计

名称	选项	频数	百分比（%）	累积百分比（%）
您了解中国教育体系的具体内容吗？	非常了解	106	6.73	6.73
	基本了解	641	40.70	47.43
	一般	682	43.30	90.73
	不很了解	124	7.87	98.60
	很不了解	22	1.40	100.00
您了解高等职业教育在教育体系中的位置吗？	非常了解	122	7.75	7.75
	基本了解	656	41.65	49.40
	一般	644	40.89	90.29
	不很了解	134	8.50	98.79
	很不了解	19	1.21	100.00

续表

名称	选项	频数	百分比（%）	累积百分比（%）
您了解高等职业教育的特点吗？	非常了解	131	8.32	8.32
	基本了解	675	42.86	51.18
	一般	644	40.88	92.06
	不很了解	106	6.73	98.79
	很不了解	19	1.21	100.00
您了解所在学校的办法定位吗？	非常了解	206	13.08	13.08
	基本了解	804	51.05	64.13
	一般	485	30.79	94.92
	不很了解	62	3.94	98.86
	很不了解	18	1.14	100.00
您了解所在专业的培养目标吗？	非常了解	193	12.25	12.25
	基本了解	815	51.75	64.00
	一般	489	31.05	95.05
	不很了解	59	3.75	98.80
	很不了解	19	1.20	100.00
您认为高等职业教育的优势是什么？	职业性	624	39.62	39.62
	市场化	123	7.81	47.43
	教育性	179	11.36	58.79
	技术性	649	41.21	100.00
您了解高等职业教育的价值吗？	非常了解	142	9.02	9.02
	基本了解	725	46.03	55.05
	一般	631	40.06	95.11
	不很了解	64	4.06	99.17
	很不了解	13	0.83	100.00
对您个人而言，您认为高等职业教育最主要的价值是什么？	掌握一门技术	739	46.92	46.92
	为未来谋一个好工作	319	20.25	67.17
	全面发展	406	25.78	92.95
	提高学历	111	7.05	100.00

以上数据反映出，大部分学生认为高等职业教育具有鲜明的职业性和技术性，他们选择高等职业教育的目的就是通过高等职业教育掌握一门技术，为未来谋求生存做好准备。

（二）高等职业院校教师存在职业身份自卑

高等职业院校教师缺乏职业身份的认同。高等职业院校教师深刻理解政府办学目的和意义，但是缺少职业认同。高等职业教育师资的供给与发展严重受限，无论是何种类型的教育，师资都是影响教育质量的重要因素。教师的缺乏也是高等职业教育发展的一大软肋。高等职业院校的办学水平不仅体现在硬件配备有足够先进的教学设施设备上，更体现在具有丰富实践技能和扎实理论知识的教师配置上。在现实中，一方面高等职业院校在招聘引进教师方面，受社会传统观念影响，往往侧重被招聘者的学历，而忽略了高等职业教师的实践经验。另一方面很多高学历就职人员，放弃高等职业院校较高引进费的就业机会，想尽一切办法挤进普通高等院校。此外，高等职业院校的教师对教师这一职业是认同的，但是对于高等职业教育这一类型却是羞于谈及的。他们认为，职业教育在教育体系中地位不高，高等职业教育不被社会认可和尊重。

在对普通高等院校教师和应届博士毕业生的访谈中可以发现，他们都不愿意选择到高等职业院校工作。目前从事高等职业教育的工作者在谈论自己职业的时候，第一反应是模糊处理，积极承认自己的教师身份，但是羞于谈论职业教育这个教育类型，反映了他们对自身身份的矛盾感和自卑感。

在某普通高等院校专业教师 Z 的访谈中，Z 以从事教育事业，成为一名大学教师而自豪，但是，不愿意成为高等职业院校的教师。

> 职业教育非常好呀，现在国家非常重视，高等职业院校的教师待遇也很高，职称、学术等方面的压力也不像我们这么大……
> 我不想去高等职业院校工作，可能是习惯了现在学校的文化吧，我不懂高等职业教育规律，不想去，再高的待遇也不去……

在某师范大学教育学博士应届毕业生 L 博士的访谈中，提到未来工作她考虑了很多，比如普通本科学校、研究机构等，没有提到高等职业院校。被告知高等职业院校在迫切招聘博士毕业生，而且有很好的政策，但她依然明确拒绝。

> 对于未来就业，我首先考虑的是选择一所高校去当老师……
> 我觉得普通大学会有更好的发展空间、更多的机会，普通大学教

> 师会更受社会尊重……
> 　　我听说了，高等职业院校现在都在引进博士，而且待遇等各个方面都很不错，但是我不太想去高等职业院校，不过也可以留作备选吧……

通过对高等职业院校的管理者和教师进行访谈，笔者认为学校管理者要贯彻落实政府举办高等职业教育的主要目的和意义，不能忽视教育本真内涵。在某高等职业院校专业教师 H 教授的访谈中，她对自己的职业身份充满了自卑。

> 当朋友、亲戚问我的工作的时候，我都跟他们说我是一名教师，因为我觉得作为一名教师很骄傲、很体面；但是如果他们继续追问我是什么专业的教师时，我会模糊处理，告诉他们我是一名大学教师。我不太愿意说我所在学校的名字，也不愿意让他们知道我是一名高等职业院校的教师……

高等职业院校的教师普遍认同自己的教师身份，也认同自己的高等教育教师身份，但是一些教师不愿提及自己是高等职业院校的教师身份，为自己的职业身份感到自卑。这种自卑感不是来自经济收入，主要是来自社会地位。从某种程度上讲，高等职业院校教师的收入并不比普通高等院校教师收入低，甚至会更高，教师职业发展空间、上升通道等各个方面也更为广阔和通畅。尽管如此，一些高等职业院校教师却向往普通高等院校教师身份，进入高等职业教育这个领域工作也是出于无奈。刚刚毕业的教育学博士生宁可放弃高等职业院校的丰厚待遇，也要想尽办法跻身普通高等院校或者其他教育管理部门，在他们心里，高等职业院校的工作机会只是众多工作机会中的最后选择。

（三）管理职责不明制约高等职业教育发展

在政府对高等职业教育管理的过程中，存在"多头领导、多头管理"的现象，多个政府部门对高等职业教育进行管理，就会出现每个部门都无法深入管理，从而影响和制约高等职业教育的发展。具体表现在不同的阶段或不同的地区，管理高等职业院校的部门会有所不同，如同一地区不同阶段，管理高等职业院校的部门，有时是教育厅的高等教育处（以下简称"高教处"），有时是职业教育与成人教育处（以下简称"职成处"）；也有同一地区同一时期，高等职业教育中有的业务是高教处负责，有的是职成处负责；还存在不同地区同一时期，有的地方高等职业教育管理部门是高教处，有的是职成处。在这种管理方式的影响下，高等职业教育的一些学术论坛也出现了类似情况，论坛主题包括高等教育司主办的议题、职业教育与成人教育司主办的议题，作为高等职业教育的研究者不知何去何从，陷入尴尬的境地。不同的政府主管部门有着不同的利益诉求，在高等职业教育考核评价等方面有不同的侧重，高等职业院校面对不同的考核标准，在发展方向的把握上十分茫然。此外，在对高等职业院校的投资、监管等方面也存在多元化的状态，高等职业院校的主办方有教育厅、财政厅、文化厅、交通厅、市政府等，还有的高等职业院校存在多重管理现象，如四川文化职业技术学院、四川财经职业技术学院等分别由文化厅、财政厅主管。另外，地方性的高等职业院校由省、市政府共管，比如南充职业技术学院，财政、人事主要由南充市政府负责；而教育厅主要负责相关业务，如政策和招生等方面。这样就可能出现某些地方政府经费紧张，导致高等职业院校资源配置不足的情况。

综上所述，每个主体对高等职业教育的认识都是从自己的视角出发的，因此，对高等职业教育的认识存在偏差。社会民众对高等职业教育的了解和认知大多处于很浅的层次，同时，高等职业教育在高考中的录取顺序给人留下了"二流教育""末流教育"的刻板印象。

二、个人谋生和社会谋发展的情感态度

（一）学生期望通过高等职业教育谋取一技之长

根据调查数据，在被调查的1575名高等职业院校在校生中，绝大部分学生对"服务区域经济、就业为导向、产教融合""高等职业教育毕业生社会实践能力很强""学而优则仕"等观念表示赞同（见表3-2）。

表3-2　情感态度维度调查统计

名称	选项	频数	百分比（%）	累积百分比（%）
您对"服务区域经济、就业为导向、产教融合"的观点？	非常了解	349	22.16	22.16
	基本了解	847	53.78	75.94
	说不清	352	22.35	98.29
	不很了解	19	1.20	99.49
	很不了解	8	0.51	100.00

续表

名称	选项	频数	百分比（%）	累积百分比（%）
您对"高等职业教育毕业生社会实践能力很强"的观点？	非常了解	294	18.67	18.67
	基本了解	806	51.17	69.84
	说不清	396	25.14	94.98
	不很了解	65	4.13	99.11
	很不了解	14	0.89	100.00
您对"高等职业教育毕业生就业情况很乐观"的观点？	非常了解	217	13.78	13.78
	基本了解	604	38.35	52.13
	说不清	487	30.92	83.05
	不很了解	198	12.57	95.62
	很不了解	69	4.38	100.00
您对"社会大众对高等职业教育评价很高"的观点？	非常了解	252	16.00	16.00
	基本了解	648	41.14	57.14
	说不清	417	27.11	84.25
	不很了解	186	11.81	96.06
	很不了解	62	3.94	100.00
您对"高等职业教育强国"的观点？	非常了解	349	22.16	22.16
	基本了解	746	48.51	70.67
	说不清	403	25.58	94.25
	不很了解	45	2.86	99.11
	很不了解	14	0.89	100.00
您对"技术工人的工资普遍偏低"的观点？	非常了解	220	13.97	13.97
	基本了解	578	36.70	50.67
	说不清	528	33.52	84.19
	不很了解	207	13.14	97.33
	很不了解	42	2.67	100.00

续表

名称	选项	频数	百分比（%）	累积百分比（%）
您对"高等职业教育是人发展的需要"的观点？	非常了解	290	18.41	18.41
	基本了解	805	51.11	69.52
	说不清	418	26.54	96.06
	不很了解	53	3.37	99.43
	很不了解	9	0.57	100.00
您对"高等职业教育是社会发展的需要"的观点？	非常了解	321	20.38	20.98
	基本了解	836	53.08	73.46
	说不清	386	24.51	97.97
	不很了解	25	1.59	99.56
	很不了解	7	0.44	100.00
您对"高等职业教育是普通高等教育的补充"的观点？	非常了解	267	16.95	16.95
	基本了解	793	50.35	67.30
	说不清	436	27.68	94.98
	不很了解	67	4.26	99.24
	很不了解	12	0.76	100.00
您对"高等职业教育是高考落榜生的无奈选择"的观点？	非常了解	213	13.52	13.52
	基本了解	563	35.75	49.27
	说不清	475	30.16	79.43
	不很了解	238	15.11	94.54
	很不了解	86	5.46	100.00
您对"学而优则仕"的观点？	非常了解	279	17.71	17.71
	基本了解	781	49.59	67.30
	说不清	435	27.62	94.92
	不很了解	66	4.19	99.11
	很不了解	14	0.89	100.00

续表

名称	选项	频数	百分比（%）	累积百分比（%）
您对"三百六十行，行行出状元"的观点？	非常了解	568	36.06	36.06
	基本了解	723	45.91	81.97
	说不清	246	15.62	97.59
	不很了解	29	1.84	99.43
	很不了解	9	0.57	100.00

调查数据反映出大部分高等职业院校在校生希望通过高等职业教育的学习获得一技之长，为将来找个好工作打下基础。高等职业教育也将学生习得一技之长作为培养目标，突出教育教学过程中学生职业技能的训练，强调各种职业资格证书的获得，强调大学英语等级证书、计算机等级证书的获得，却忽视了学生个体的兴趣爱好、性格特点和对生命价值的追求。随着科技的迅猛发展，我国产业结构不断调整升级，就业市场竞争压力日益增加。在此背景下，高等职业教育更加突出和强调其重职业适应、轻个性发展的工具性价值认同，高等职业教育被看作学生掌握职业技能的途径，高等职业教育逐渐成为学生谋求生存的工具。

（二）政府期望高等职业教育促进社会经济发展

在现实考察中，通过相关政策文本分析和与政府管理者的访谈发现，政府主体认为高等职业教育价值主要体现在提高我国国际竞争力、促进社会经济发展和维护社会稳定等几个方面。

在某教育厅高教处 J 处长的访谈中，他认为高等职业教育具有非常重要的功能，一方面促进经济发展，另一方面能保障社会稳定。

首先，政府认为高等职业教育是提高国际竞争力的需要。随着经济全球一体化，提高国际竞争力成为每个国家十分重视的问题。人才的竞争是综合国力竞争的关键要素，因此教育成为提升国际竞争力的重要途径。高等职业教育服务于社会经济发展和国家建设，自然成为提升国际竞争力的重要教育类型。中国政府想要打造具有时代性、针对性、前瞻性的技能人才和大国工匠队伍，仍然任重道远。我国试图通过技术技能型人才教育的竞争，去应对科学技术的竞争。一直以来被定位为社会经济发展服务的高等职业教育，在这场激烈的国际竞争和国际金融危机中，成为不可或缺的主力军，高等职业教育一如既往地承担了这个时代责任,以此推动我国社会经济发展、科学技术进步和产业结构升级。

其次,政府认为高等职业教育是促进经济发展的需要。高等职业教育为了服务于国家发展战略,培养了大量经济社会发展所需的技术技能型人才。为了匹配社会经济结构,高等职业教育结合产业机构,开设了数以万计的专业点,全面覆盖了我国经济的各个领域。面对新经济、新产业蓬勃发展的势头,高等职业教育需要科学思考专业设置,及时根据经济市场发展情况调整专业,使专业设置与经济市场保持一致。高等职业教育要建立与时俱进的新兴产业人才培养体系,更好地满足现代制造业、战略性新兴产业和现代服务业等领域对职业技能人才的需求,通过进一步增设战略性新兴产业高等职业技术人才专业点,提高高等职业技能人才的产业适应性;要进一步搭建高等职业教育的就业平台,瞄准战略性新兴产业岗位,积极帮助高等职业教育毕业生了解新型产业动态和对接市场需求,更好地搭建高等职业教育人才就业平台,服务国家职业教育振兴战略。

高等职业教育承担着服务社会经济的功能,建立开放、共融的高等职业教育新业态是增强服务社会功能的关键。政府在相关规划文件中明确提出,要建立符合国家战略需求的高等职业教育产教融合新业态,以行业为支撑,以企业为杠杆,逐步发力,建立区域性产教融合试验田,树立标准性、示范性产教融合新标杆;要依托关键性行业,建立高等职业教育专业指导社群,发布高等职业教育社会服务年度、季度报告,设立新型高等职业教育奖励机制,遴选创新型高等职业教育机构,培养具有代表性的高等职业教育社会服务组织。

最后,政府认为高等职业教育是维护社会稳定的需要。高等职业教育促进社会阶层的流动,为收入处于中下层的人提供上升通道。调查显示,选择高等职业教育的学生中,绝大部分学生的家庭经济收入较低,父母受教育程度也偏低。高等职业教育对社会阶层流动具有明显的促进作用,通过高等职业教育的学习,学生可以具备一技之长,成为社会经济发展需要的高级技能型人才。高等职业教育为收入处于社会中下层的人提供上升的途径,为社会稳定发展提供了保障。

此外,政府认为高等职业教育为我国进入经济转型时期培养大批高技能劳动力,同时也是实现教育公平的重要组成部分,为树立尊重劳动力的文化观念等方面发挥重要作用。总之,高等职业教育在促进社会稳定和发展方面,尤其是在加快经济转型升级的时期,发挥着至关重要的作用。

（三）用人单位期望在合作中获取经济利益

笔者通过统计高等职业院校毕业生的就业数据，以及与大中小型企业人力资源部经理或管理者访谈，发现大型企业几乎不太愿意接受高等职业院校毕业生，中小型企业可以接受高等职业院校毕业生，主要基于人力成本低，同时大部分企业不愿意参与高等职业教育的办学。

在某大型企业人力资源部 W 经理的访谈中，他表示他们企业已经至少连续 10 年没有招聘高等职业院校毕业的学生，主要原因是人力市场供给充分，他们有很大空间进行选择。

> 我们现在基本不会招聘高等职业院校的毕业生，起码要本科，而且最好是"985"院校的学生。我们也有窗口服务人员，但是这部分外包给了第三方人力资源公司，和第三方签订合同，管理起来相对比较方便……这些员工工资应该很低，而且他们在我们这里是没有发展空间的，我们不会提拔第三方公司员工……

在某小型企业总经理 L 的访谈中，他表示愿意招聘高等职业院校的学生，其主要原因是成本低。

> 我还是比较喜欢高等职业院校的毕业生，他们相对能吃苦，也比较踏实，而且在工资待遇等各方面要求不高……我们公司比较小，成本是必须要控制的……我们考虑不了太多，如果我们发展好了，员工自然也就发展好了……

首先，大型企业几乎不招聘高等职业院校毕业生。现实考察发现，大型企业一般不会考虑招聘高等职业院校的毕业生。随着科学技术的迅猛发展，企业对人才的需求产生了巨大变化，企业不仅需要员工满足当下的岗位要求，同时需要员工的职业技能具有迁移性和拓展性，以满足企业发展带来的岗位需求变化。用人单位普遍认为高等职业院校毕业生职业技能的迁移和拓展能力较普通高等院校毕业生偏低，加之学生在学校所学职业技能本身就比市场迅速变化中岗位所需职业技能落后。另外，每年想尽各种办法挤进大型企业的普通高等院校的本科生、研究生特别多，大型企业秉承"优中选优"的原则，在简历筛选环节，通过学历就将高等职业院校的毕业生排除在大门之外。

其次，中小型企业招聘高等职业院校毕业学生的主要原因是人力成本低。根据访谈发现，中小型企业管理者愿意接受高等职业院校学生，主要原因基于高等职业院校毕业生的人力资本相对于普通高等院校毕业生要低。中小型企业本身就在激烈的市场竞争中艰难谋生存、求发展，比如金融危机、技术革新等都可能使中小企业的生存受到严重影响，甚至直接倒闭。他们没有时间考虑长远的规划，更没有充足的资源进行员工职业能力的开发，他们需要新员工迅速上岗，迅速熟悉业务，快速给公司带来收益，至于员工的职业发展，管理者表示在后期的工作中可以边干边学，边学边淘汰，这也导致中小型企业的员工流动性很大。

最后，大部分企业都缺乏参与高等职业教育办学的行动力。经实际考察发现，大部分企业参与高等职业教育办学的态度越来越积极，参与高等职业教育办学的意愿也越来越强。但是，调查中也有很多企业管理者表示，参与高等职业教育办学面临两个严峻的现实困难：其一，尽管众多企业对参与高等职业教育办学持肯定态度且有较强的参与意愿，但真正参与高等职业教育办学行为决策的企业占比却还不够多。换句话说，大部分企业只有积极的态度，却没有积极的行动。其二，已经参与高等职业教育办学的企业，在参与高等职业教育办学过程中的深度和广度还远远不够，参与高等职业教育的实际效果也并不理想，企业持续地参与高等职业教育办学受到制约。

总之，在学生为了学得一技之长的功利性价值，以及政府为了促进社会的政治、经济发展的工具性价值的影响下，高等职业教育的外在的工具价值得以充分发挥，但是高等职业教育内在的教育本体价值，即人的本真生存的彰显却逐渐弱化。

三、无奈选择与迅速扩张的行为实践

首先，对于学生个体而言，他们选择高等职业教育是充满无奈的。在社会民众的思想中，依然存在着强烈地注重普通高等教育的价值倾向，为了自己的前途和家族的荣耀，大部分学生都希望通过努力进入理想中普通高等教育的大门。而无缘进入普通高等学校的学生选择了高等职业教育，他们心中虽有遗憾和不甘，但是和直接就业相比，进入高等职业教育获得一技之长、将来找个好工作，也是一个不错的选择。调查发现，大部分学生进入高等职业院校后对学校教学资源配置比较满意，也在积极认真地学习。这就是说，无论当初是怎样的无奈，他们现在都努力通过高等职业教育的学习获得一技之长，为未来谋生做准备。同时也反映了目前高等职业院校在资源配置等各个方面有了一定提高。

其次，基于种种原因，政府推动高等职业教育规模迅速扩张。政府提出高等职业教育的百万扩招是我国经济结构改革的迫切需要。目前，我国经济正处于结构转型升级、发展方式转变的阶段，急需高素质技术技能型人才，使得一直以来服务于经济发展的高等职业教育承担了这一时代重任。随着政府对高等职业教育重视程度的强化，高等职业教育被赋予了新的社会地位和社会意义，高等职业教育的经济价值认同被进一步强化，高等职业教育主动融入经济发展升级的浪潮之中。

政府明确高等职业教育战略定位，推动了高等职业教育规模的迅速扩张，在高等教育大众化和普及化的进程中，高等职业教育发挥了重要作用。考察发现，我国高等职业教育规模快速增大，占据了高等教育的半壁江山。根据教育部官方公布的统计数据，我们可以清晰地看到，从2012年到2020年，我国高等职业教育招生人数从313.4万人增长到524.3万人，2020年高等职业院校招生数占全国高校招生数的比例为54.2%，2019年至2020年均超过了50%（见表3－3）。高等职业院校也从原来的1280所发展至1468所，2012年至2020年高等职业院校数量持续超过全国高校总数的50%（见表3－4）。高等职业教育规模的急速发展，意味着高等职业教育为促进高等教育的大众化和普及化发挥了积极的作用。

表3－3　2012年至2020年全国高校招生数

年份	2012	2013	2013	2015	2016	2017	2017	2018	2019	2020
全国高校招生数（万人）	639.5	688.8	646.9	671.3	737.8	748.6	761.5	791	914.9	967.5
全国高等职业院校招生数（万人）	313.4	314.8	305.6	324.4	348.4	343.2	350.7	368.8	483.6	524.3
高等职业院校所占百分比	49.0%	45.7%	47.2%	48.3%	47.2%	45.8%	46%	46.6%	52.9%	54.2%

表3－4　2012年至2020年全国高校数

年份	2012	2013	2014	2015	2016	2017	2017	2018	2019	2020
全国高校数（所）	2409	2442	2491	2529	2560	2596	2631	2663	2688	2738

续表

年份	2012	2013	2014	2015	2016	2017	2017	2018	2019	2020
全国高等职业院校数（所）	1280	1297	1321	1327	1341	1359	1388	1418	1423	1468
高等职业院校所占百分比	53.1%	53.1%	53.0%	52.5%	52.4%	52.3%	52.8%	53.2%	52.9%	53.6%

小结

通过对高等职业教育价值认同的历史梳理和现实考察，笔者发现高等职业教育价值观中偏向工具价值，而本体价值被相对弱化。高等职业教育重职业适应、轻个性发展的工具价值被过度渲染，这种具有一定程度服务政治和经济的高等职业教育工具价值在特定历史时期得以发挥，且保障了高等职业教育的持续发展，因此这种高等职业教育工具价值的强化具有一定历史必然性。但是，高等职业教育的工具价值是外在的，高等职业教育应该是个体的本真生存的彰显，无论是自强求富、个人生计，还是以政治和经济为目的，这些价值对于个体的本真生存来说都是外在的价值，在强调高等职业教育的工具价值的同时不能弱化其本体价值。高等职业教育中"人"作为主体的本原性意义被削弱甚至被遮蔽。作为教育中不可或缺的一种教育类型，高等职业教育不能没有学生，不能没有人，高等职业教育必须要注重人的价值与发展，否则高等职业教育就只是培养人力，只看重职业及劳动的结果。当前关于人的生存与发展的立场也应渗透于高等职业教育价值追求中。

笔者认为高等职业教育是人类为了谋求生存和未来生活而不断提高其处理和使用职业知识的智慧的生命过程。由此，我们承认和肯定高等职业教育工具价值在高等职业教育发展历程中的意义，同时更加强调生命发展才是高等职业教育的内在价值，是高等职业教育中最根本的价值。虽然社会实践丰富了生命的全面发展，但是生命发展的本体价值不是附庸在工具价值之上的。相反，高等职业教育本体价值是主导价值，一切工具价值都是为本体价值的实现而服务的，为生命发展而服务的。基于此，现实的高等职业教育价值认同产生了偏离。

第四章　高等职业教育价值认同偏差及根源分析

发现问题并分析问题，是探寻事物本质的重要途径。笔者根据前文对高等职业教育价值认同的历史梳理和现实考察，进一步总结高等职业教育价值认同存在的问题。文化是影响高等职业教育价值选择的重要维度，同时，经济利益的理性计算和博弈是高等职业教育价值认同不容忽视的重要影响因素。因此，运用文化分层理论去分析高等职业教育价值认同生成的文化根源，运用博弈论分析高等职业教育价值认同形成过程中不同主体间的博弈，探寻高等职业教育价值认同产生偏差的深层根源。

第一节　高等职业教育工具价值的惯性追求

关于高等职业教育价值认同，无论是从历史梳理还是从现实考察，都反映了我国高等职业教育一直以来强调其工具性价值，而高等职业教育的本体性价值被弱化了。

一、政府强化高等职业教育的工具价值

在高等职业教育发展的各个阶段，都有政府在推动其萌芽、产生、发展、改革和创新，并逐步形成了目前的状态。政府一直以来都将高等职业教育与国家的生存和发展紧密相连，高等职业教育被视为国家生存和发展的重要途径。

（一）萌芽时期：救亡图存之道

实业教育的产生源于"师夷长技以制夷"的思想。洋务运动时期，洋务派为了维护清王朝的统治，积极主张实业教育。在我国传统封建主义文化和西方资本主义文化的不断冲突下，最终调和并形成了"中学为体，西学为用"的指导思想，创设了近代最早的一批技术学堂，其中最具代表性的是京师同文馆、江南制造总局附设的教育机构（工艺学堂、操炮学堂）、福建船政学堂。这些学堂坚持"中体西用"的办学原则，教学内容在中学课程的基础上增设了数学、物理、化学、几何等实科，同时增设了洋枪洋炮使用、轮船制造和驾驶、电报发送、机械制造等实用技术技能教育的内容。

实业教育的办学目标在于求富自强，消弭内部矛盾，抵御外侮。最初的实业学堂的创办目标与现代职业教育办学旨意有一定区别，早期学堂并不是以就业为目的的培养和训练人才。面对西方列强的先进技术和猛烈侵略，中国人逐渐认识到中国传统的经学教育完全不能抵挡外国的坚船利炮，也和当时的社会发展不相适应，因此，洋务派开始兴办军事技术学堂、实业技术学堂，培养与近代军事工业有关的技术型人才，以此巩固国防，抵御外敌，维护清王朝的封建统治。

（二）政权更迭：经济建设之法

清末时期，经济因素是实业教育思潮形成的主要因素。自 1840 年开始，外来资本主义商品经济严重冲击着我国传统自然经济，在机器生产日益发展的同时，中国传统手工生产逐渐衰落。随着机器生产的日益发展，商品经济也逐步发展起来，在一定程度上影响了当时社会的产业结构和经济发展。资本主义的发展迫切需要与此相适应的教育改革，实业教育思想由此产生并发展为实业教育思潮。

民国时期，职业教育成为促进国家经济建设、实现国富民强的重要途径。无论是在民国初期资本主义经济开始发展，还是在民国时期资本主义经济迅猛发展，抑或是在抗战时期为适应抗战需要发展经济，都对职业教育的发展有着深刻的影响。民国初期，张謇率先提出，实业教育应该为生产和经济服务，成为职业教育服务经济建设这一认识的先驱。他认为一个国家的富强应该以工业为先，以农业为本，工业和农业的发展都应该运用近代科学方法。随后，由蔡元培提出"五育"教育方针而萌芽的实利主义教育思想，黄炎培提出的实用主义教育，都将职业教育与生活、社会相联系，成为促进经济建设和经济发展的重要途径。抗战时期，战争中对物资、经费的迫切需要促进国民政府采取各种措施，极力维护备受摧残的职业教育。因此，职业教育承担着战时经济储备的重要使命。

新中国成立初期，中国经历了多年战乱，满目疮痍，百废待兴，面临的首要问题是恢复和发展社会经济，实现富国强兵。这一时期的职业教育更是直接被定位为"服务国家经济建设"，因此，这一历史时期职业教育为国家大规模经济建设培养技术技能型人才，有别于其他各级各类教育强调文化知识教育的定位。

改革开放以来，高等职业教育更加明确了服务经济建设和经济发展的历史使命。随着我国社会主义经济的快速发展和产业结构优化升级，高等职业教育经历了前期摸索、跨越式大规模发展和提升教育质量三个阶段。无论哪个阶段，高等职业教育都始终紧紧围绕着服务社会经济建设和经济发展而展开，虽然这条道路曲折且艰辛，但是人们无论是在认识上、情感上、还是在行动上，都始终对高等职业教育服务经济的价值有强烈的态度倾向。

（三）新时代：提高竞争力之需

新时代背景下，国家发展需要提高高等职业教育的战略位置。《中华人民共和国国民经济和社会发展第十四个五年规划和2035年远景目标纲要》（以下简称"十四五"规划）明确提出："要加大人力资本投入，增强职业技术教育适应性，深化职普融通、产教融合、校企合作，探索中国特色学徒制，大力培养技术技能人才。"当前，国家之所以把高等职业教育发展提到国家战略层面，一再强调高等职业教育的重要作用，是为了明确高等职业教育服务经济和服务政治的价值认同，让高等职业教育助力中华民族伟大复兴梦的实现。

高等职业教育服务经济发展的价值认同在新一轮的产业和技术变革中被不断强化。高等职业教育被定位为服务经济，因此在社会经济结构变化的时候，高等职业教育必然在规模、专业设置等各方面予以匹配，从而更好地服务于经济发展。

随着全球化发展和国际竞争日益激烈，高等职业教育被赋予更多的时代使命。"十四五"规划明确提出："坚持把发展经济着力点放在实体经济上，加快推进制造强国、质量强国建设，促进先进制造业和现代服务业深度融合。"面对新时代、新形势，中国经济结构开始新一轮的升级变革，以应对复杂的国内经济状况和激烈的国际竞争。在此背景下，高等职业教育被定位为经济社会发展服务，这是配合经济结构调整的有力保障，是实现高水平科技自强的重要支撑，是提高我国国际竞争力、突破西方技术垄断的坚实力量，也是时代赋予高等职业教育的历史使命。

二、个体重视高等职业教育的工具价值

（一）"读书入仕"的通道

清末和民国时期，随着实业教育的不断发展，农、工、商等业态的社会地位有了一定的提高，但传统的封建观念依然制约着实业教育的发展。这个时期的"升学主义"倾向还很严重，人们对实业教育并不认同，实业教育一直处于教育的边缘状态，如清末新政时期法政学堂及其生源大量增加，而彼时的实业学堂人数却极少，二者形成鲜明对比。现代西方思想在一定程度上冲击了传统的陈腐观念，但人们思想深处的传统观念并没有改变。对入学读书的个人和家庭而言，无论是官绅还是普通百姓，轻视和不认同实业教育的思想普遍存在，读书入仕的观念依然根深蒂固。即便有些人选择进入实业学堂，其志向也不是发展实业，依然是希望通过进入学堂得到向仕途发展的机会。

在封建传统思想的影响下，实业教育的毕业生专业素质和专业能力较低。实业学校要求学生必须具有一定的普通教育基础，强调实业学问应该"以普通学"为基础，加之许多学堂的学生只懂中学，对西学一知半解甚至一窍不通，对基础学科尚不清楚，学习专业性课程无疑是难上加难。因此，很多学生入学后不得不先学一两年普通课程，然后再学专业课。民国时期，随着普通教育的发展，上述情况也随之略有改善，但由于"升学主义"的影响，实业教育并不是优秀生源的最佳选择。因此，无论是在清末时期，还是在民国时期，实业教育一直面临着被边缘化的窘况。

此外，在清末和民国时期，传统的学徒制度在一定程度上阻碍了实业教育学生的出路。这个阶段的农、工、商业的发展水平很低，社会缺少一套完整的经济体系。很多地区缺乏经济成分，绝大部分农业和商业仍然是传统生产和经营的形式，所谓的工业只是染织、缝纫、纺织等小型作坊，与我国传统手工业几乎一样。在这种样态下的经济部门不需要专门的知识和技能，几乎不需要新型实业人才，导致整个社会对实业教育的支持和需求严重不足。企业用工制度主要采用的是传统的学徒制度，这样的状况阻碍了实业教育学生的出路。在这个时期，不少实业学堂毕业生出现了改行或失业的情况，如有纺织专科毕业生改行做普通小学校图画教员，还有农科毕业生改行做普通行政机构助理员等。

在这样的就业压力下,学生选择实业教育作为求仕之路的思想就越发突出。

(二)"以就业为导向"的无奈选择

改革开放以后,高等职业教育在中国教育改革和转型的背景下产生并逐步发展起来,在此过程中高等职业院校不断探索自己的发展方向。政府逐渐认识到高等职业教育应该是为经济建设培养管理、服务、生产一线岗位的技能型人才。由此,"以就业为导向"的办学方针被明确,高等职业教育在教育体系的位置得以确立,高等职业教育为经济建设服务,为其毕业生提供就业服务。在这样的背景下,不能实现更高理想的学生,选择接受具有专科层次的高等职业教育。

虽然高等职业教育在劳动力市场中的重要性不断地被肯定和强调,但高等职业教育的部分学生并不认可高等职业教育的教育层次和教育类型,高等职业教育依然得不到一般社会大众的认同。随着高等职业教育规模的不断扩大,大批高等职业教育毕业生进入劳动力市场,甚至有少数毕业生经过不懈的努力拼搏创业,发展成为企业骨干或企业家。这些成功的案例,通过各种形式的媒体和平台进行宣传,为高等职业教育建构了一个成功逻辑。尽管如此,高等职业教育的部分学生对日益发展起来的高等职业教育依然存在着抵触情绪。这种抵触情绪源于学生选择高等职业教育时的无奈,对高等职业教育缺少兴趣,对高等职业教育的偏见等。

(三)"社会资本"影响下的就业质量

随着高等教育毕业生就业制度的改变,高等职业教育毕业生在就业市场中明显缺乏竞争优势。《中国教育改革和发展纲要》提出,高等教育的毕业生不再由政府安排就业,而是由学生"自主择业"。由此,高等职业教育毕业生就业的权利发生了实质性的变化,政府不再承担毕业生就业的责任,高等职业教育为毕业生提供就业指导和服务的责任进一步加强。面对自由双向选择的就业市场,高等职业教育毕业生和普通高等教育的毕业生形成竞争关系,但是无论在教育层次还是在教育类型上,企业都优先选择四年制普通高等教育的毕业生。当市场需求高于普通高等教育的供给时,高等职业教育的毕业生才会成为企业的候补选择。当然,在毕业生的就业竞争中,"规模大、口碑好"的企业往往具有优先选择权,中小企业一般是在大企业筛选之后的劳动力市场中选择适合自己的毕业生。

通过深入访谈可以发现,高等职业教育毕业生就业的质量是人力资本和社会资本两个因素共同作用的结果。高等职业教育毕业生相对于普通高等教育毕业生而言，学历低、学制短，其积累的人力资本相对不足，在竞争激烈的劳动力市场中对其家庭所积累的社会资本依赖程度相对较高。换句话说，家庭的社会资本对高等职业教育毕业生的高质量就业起着决定性作用。社会资本对高等职业毕业生的就业意向、就业行为和就业结果状况都具有不同程度的影响，但总的来说，拥有社会资本水平较高的高等职业教育毕业生个人付出的就业努力相对较少，且就业质量往往较高。笔者对某高等职业院校应届毕业班辅导员的访谈表明，家庭经济或社会背景较好的学生大多找到了较好的工作。

因此，在劳动力市场中，具有竞争优势的依然是四年制的普通高等教育毕业生，高等职业教育毕业生处于候补的位置。高等职业教育毕业生相对较低的人力资本和社会资本积累，决定了他们要从事职业结构中低端的工作或职位，向较高层次职业结构发展的概率也相对较低。

三、高等职业教育成为普通高等教育的补充

高等教育的规模迅速扩张，其背后不仅仅是教育自身的内在需要，也是外在的社会经济发展的迫切需要。高等职业教育在我国高等教育大众化和普及化的过程中贡献着主要力量，占据高等教育的半壁江山。但是在实践过程中，高等职业教育依然面临着很多发展困境，与其在高等教育规模化发展中的作用形成了鲜明对比，使其处于尴尬境地。

（一）高等教育规模化发展的背景

21世纪初，我国学者关于高等教育大众化的研究相继出现，内容上越来越具体和丰富，数量上也是越来越多。学者讨论了高等教育规模发展、高等教育大众化的实践路径、高等教育大众化存在的问题等，研究的具体内容主要包括与高等教育大众化相伴而生的是学术机构的多样化、学生群体同质性的降低、学术工作方式的改变，以及对远程教学的依赖等方面。

一个国家的高等教育规模急速扩张，一方面来自高等教育自身发展的内在需求，即适龄人员对享受高等教育的需求；另一方面来自高等教育系统之外的社会经济因素。历史发展证明，高等教育规模与国家的经济发展水平呈正比。因此，高等教育大众化是高等教育发展的内在需求和外在因素共同作用下的结果。

1999年，我国政府加速推动高等教育规模化发展，采取了一系列扩大高

等教育规模的举措,为社会经济发展起到了促进作用。作为最大的发展中国家,我国高等教育毛入学率在较短的时间内快速增加,从15%以内到15%~50%,再到超越50%,逐渐实现了高等教育大众化和普及化。其发展方式主要是合并几所基础较好的中等职业学校,升格为高等职业院校,将一些成人高等学校转型为普通高等学校,积极鼓励企业家举办民办高等学校等。高等教育规模的成功扩张,内在动因是为愿意接受高等教育的人提供入学机会,满足他们接受高等教育的需求;外在动因是社会经济发展迫切需要大批高素质劳动者。就业市场的需求使得从业人员中接受高等学历教育的人数迅速增加,同时高等教育的经济增长贡献率持续提升。政府和民众越来越清晰地认识到高等教育对经济发展具有极大的促进作用,对经济社会发展的贡献也成为考核高等院校的一个重要指标。

(二)高等职业教育在高等教育规模化发展中的积极作用

随着我国高等教育规模的不断扩张,以及建设新型工业国家等宏伟工程的强力推进,高等职业教育发挥举足轻重的特殊作用也随之增强。20世纪90年代,国务院颁发《中国教育改革和发展纲要》,提出要积极发展高等职业教育。1998年,为适应社会主义市场经济建设的步伐,满足市场经济对人才的需要,教育部提出了"三多一改"的建设布局和思路,即多渠道、多规格、多模式发展高职教育,通过教学改革,真正办出高等职业教育的特色,从此高等职业教育进入蓬勃发展阶段。随后,政府在历年的教育改革与发展目标中,毫无例外地关注了高等职业教育的战略地位,从国家战略高度指出应加快发展高等职业教育,强调高等职业教育在整个国家人才培养谱系中的重要位置。

在过去的几十年里,国家经济发展经历了从计划经济到市场经济的过渡,产业结构不断调整和完善。为了适应不断变化的市场经济及国际化需要,提高国际竞争力水平,顺应市场经济蓬勃发展的繁荣景象,我国高等教育规模进入迅猛发展阶段,高等职业教育发挥了积极的作用。高等职业教育的快速发展,为社会经济发展提供了大批高素质技术技能型人才,更好地服务于地方区域经济发展,高等职业教育经济价值认同被进一步强化。

(三)高等职业教育在教育体系中的尴尬处境

高等职业教育作为我国高等教育大众化和普及化的一支生力军,为满足社会经济对高层次、多元化职业技术人才的需求贡献了力量。在高等教育大众化观念的影响下,高等职业教育更多关注社会实践能力、社会职业适应能力的要求和标准。但是高等职业教育的发展却不容乐观,高等职业教育并没有因为加强发展学生的职业能力而得到社会民众的认可,相反面临发展困境,这些问题如果不能及时解决,那么高等职业教育在教育体系中会处境尴尬。

国家财政投入高等职业教育的经费相对较低。高等职业教育强调对学生实际操作能力的培养,因此对教学场地、教学设备设施、教学材料等方面的要求较高,一名三年制高等职业教育学生的教育成本并不比四年制本科生的教育成本低。据统计数据,发展中国家高等职业教育成本是普通高等教育的2.68倍。① 这意味着高等职业教育相对于普通高等教育来说应该投入更多的办学经费。尽管政府一直强调高等职业教育对于国家发展的重要意义,高度重视高等职业教育,并将其提到国家战略的位置,这些年持续增加高等职业教育的经费投入,但仍远远落后于普通高等教育经费投入。由此可见,高等职业教育经费投入与政府强调国家战略的定位不匹配,高等职业教育的经费投入与其推动经济发展的重要作用不匹配,高等职业教育的经费投入存在不合理现象。

在扩大招生政策的积极推动下,高等职业教育招生的困境并没有改变,甚至出现了生源缩减的现象。2019年,政府把职业教育定位于重要战略位置,国务院发布《国家职业教育改革实施方案》,提出了7个方面20项政策举措。政府提出建立"职教高考"制度,完善"文化素质+职业技能"的考试招生办法,提高生源质量,为学生接受高等职业教育提供多种入学方式和学习方式,推进高等职业教育高质量发展。然而,普通高等教育仍然是学生群体的主流选择,社会民众对高等职业教育的认同度明显低于普通高等教育。有些省份的高等职业院校录取分数线一降再降,但是仍有多所高等职业院校完不成招生计划。大部分学生因为没有考上普通高等学校才选择接受高等职业教育,对他们来讲这是一种无奈的选择。高等职业教育毕业生一直被冠以"高就业率"的标签,但是较高的就业率难以掩盖高等职业教育毕业生就业质量的一系列问题,如较低的收入、较低的对口就业率、较低的工作满意度、较高的离职率、可持续发展性不强等问题依然存在。

除上面提到的问题,高等职业教育还面临着部分从业人员的职业认同度低,部分教师认为高等职业院校教师与普通高等院校教师相比"低人一等",有些社会民众认为高等职业教育是"二流教育"等思想依然没有被彻底改变。这些问题与政府强调的高等职业教育在国家战略体系中的位置形成了鲜明的反

---

① 郭雪琳、张荣贵:《对我国高等职业教育经费筹资渠道的几点思考》,《经济师》,2006年第9期,第108~109页。

差，使得高等职业教育处于尴尬的境地，严重制约了高等职业教育未来的发展。究其背后的原因，主要源于文化的影响和多元利益主体博弈的结果。作为中国高等教育事业半壁江山的高等职业教育，其未来发展不仅关乎高等职业教育事业的成败，也关乎中国高等教育事业的成败，关乎人类教育事业的发展。因此，研究造成高等职业教育发展困境背后的深层根源迫在眉睫。

第二节 高等职业教育价值认同的文化根源

文化和教育、价值、价值认同有着天然且密切的联系，文化是影响和制约高等职业教育价值认同形成的重要因素。笔者通过文化分层理论，分别从高等职业教育价值认同的制度、行为和观念三个维度，深入探究高等职业教育价值认同形成的深层文化根源。

一、高等职业教育价值认同的制度分析

作为教育事业重要组成部分的高等职业教育，在不同时空的不同制度环境下运行，这些制度环境在高等职业教育的发展过程中发挥着重要的影响力，是高等职业教育的历史发展和未来走向的具体表征。美国政治哲学家罗尔斯认为，制度可以理解为一种公开的规范体系。美国经济学家诺斯认为，制度是一个社会的游戏规则，制度有两种形式，一种是非正式制度，另一种是正式制度。

（一）非正式制度对高等职业教育价值认同的渗透

美国经济学家康芒斯认为，非正式制度是指大众的习俗、惰性、传统等可能影响或限制集体行为。美国经济学巨匠凡勃伦认为，非正式制度是指个人与社会有关的特定关系及特定功能的一般思想习惯，是一种流行的精神态度或生活理论。诺斯认为，非正式制度与正式制度不同，不能够使人的行为在一夜之间发生巨大变化，但对人的行为的影响是经过长期、逐步变化而缓慢进行的。根据他们对非正式制度的解释，会发现他们都将内部规则、内在制度、非正式规则、非正式约束等归属于非正式制度范畴。因此，笔者认为非正式制度属于文化的内容，是人们在无意识的情况下，在长期的社会生活过程中逐渐形成

的，非正式制度可以通过世代传承，具有持久的生命力。非正式制度具有文化学方面的意义，非正式制度是一种传统体系。

1. 文化渗透是非正式制度生成的主要路径

非正式制度是人们在长期社会生产生活过程中，经过多次重复博弈并不断演化形成的意识形态、价值观念、习俗及伦理道德等。相对于正式制度，非正式制度形成得更早。它对人们的影响是一种隐性渗透式的，对人们的影响和制约比正式制度更加深远而持久，人们自愿地接受非正式制度。非正式制度是人们在长期社会生活之中，将个人利益最大化计算，在人们互相选择、磨合的过程中形成。非正式制度来自社会生产生活之中，是一种文化传承样态。人们处理信息的方式主要依赖于大脑的学习能力，而这种能力通过一种或多种精心构建的自然语言程式来将感性的、态度的、道德的及事实的信息转换为能被接受的符号。文化是人思想和行动的过程及一切结果，是人的存在与发展方式，是人对其生命意义的理解与生命价值追求的体现，是一定社会群体共享的价值观念及践行依据，文化提供以语言为基础的一个概念框架，以此对由感官传递至大脑的信息进行编码和演绎。文化渗透连续不断地解决着人们在生产生活中遇到的各种各样的问题，解决这些问题的非正式的方式在长期的社会变迁中传承下来，从而形成非正式制度。

非正式教育制度是教育发展史的第一种教育制度样态，是人们在长期的社会生产和生活中不断积累而逐渐形成的，且具有教育规则意义的信仰、规范、习惯、仪式和习俗等。从某种意义上讲，非正式教育制度能体现人与人之间的平等。文化是制度存在的基础，特别是非正式制度在长期或短期的社会演进中，文化渗透对其生成和变迁产生重要影响，成为非正式制度生成路径依赖的根源。非正式教育制度是内生的，不断地适应理性，从某种程度上支配着教育制度的发生与演进。这种适应理性的演进不是追求最优状态，而是追求教育对内外环境的适应，其目的是在个体需要与环境潜势之间保持一种动态平衡的状态。

2. 学生主体的教育选择

从教育学出发，教育的主体是作为学生的人，非正式教育制度的生成和演进强调个体的适应理性，因此理想的教育制度应该是一种非正式教育制度。笔者认为教育是不断提高人处理和使用知识的智慧的生命过程。这个定义中明确将享受教育的学生视为教育主体，强调教育是从人的生命、生存、生活需要出发。同样，高等职业教育也像其他教育一样具有"人文性"，是基于人的生命、人的全面发展、人的生存需要出发的。学生在教育活动中不断提升是通过自我设计、自我建构和自我努力来实现的，学生的发展是其作为教育主体的觉醒和智慧的提高。

从经济学视角出发，个体选择是在以拥有资源配置权为前提的条件下，个体或组织对资源，特别是对稀缺资源进行配置的过程。"经济人"假设是研究的理论前提，作为教育主体的学生个体是理性的，他们的最终目的是追求自身利益的最大化。因此，人们能够优先购买个体或组织认为最具价值的某种服务或某种商品，目的是获得价值的最大化效用，当然购买的前提条件是资源约束。这样一来，大多数人每天都在面临着选择的问题，在各种可能性之间进行选择。按照经济学中对个体选择的解释，个体教育选择就是在教育消费的过程中，享受教育的个体或其所在的家庭对教务服务的选择，那么教育就是供个体或组织选择的对象。

教育的主体是享受教育的学生，那么教育选择的主体就是学生。学生主体可以根据自身内在原因或外在因素，对教育的层次阶段、教育机构、教育内容等进行选择。以学生为中心的教育，其价值认同也是围绕学生这一主体展开的，那么教育就会以追求生命价值和意义为目的。

3. 非正式制度对高等职业教育价值认同的影响

笔者将高等职业教育价值认同的内在结构分为认知理解、情感态度和行为实践三个维度，非正式制度通过对认知理解、情感态度和行为实践的影响和制约，最终影响主体对高等职业教育价值的选择。

首先，高等职业教育价值认同的生成，源于主体对高等职业教育的认知和理解，对高等职业教育本质内涵的认知理解是主体对高等职业教育价值选择的基本前提。现实中，人们对高等职业教育的认知理解，源于自身已有的文化经验，而已有的文化经验来自人们在长期社会生产和生活中形成的价值观念、行为习惯，也就是非正式制度。换句话说，非正式制度影响和制约着主体对高等职业教育的认知和理解，从而导致非正式制度影响和制约主体对高等职业教育价值的选择。

其次，情感态度是高等职业教育价值认同的重要内在维度。这里的情感态度是指主体在充分认知和理解高等职业教育的基础上，对高等职业教育及高等职业教育价值所呈现的一种情感和态度。人们对事物表现出的情感和态度取决于人们判断事物的标准，这种判断标准的形成源于人们在长期社会生产和生活中形成的价值观念、意识形态等，也就是非正式制度。也就是说，非正式制度影响着人们的判断标准，从而影响了人们对待事物的情感态度。因此，可以说非正式制度影响和制约了主体对高等职业教育价值的选择。

最后，行为实践是高等职业教育价值认同的现实表达。认知理解属于人的认知领域，情感态度属于人的心理领域，这两个维度的内在结构都相对比较抽象和空洞，高等职业教育价值认同最终要指向实践，所以行为实践才是最具体的现实表达。按照价值认同的内在结构，主体的行为实践源于主体的认知理解和情感态度。也就是说，主体的认知理解和情感态度决定了其行为实践。非正式制度影响和制约着主体对高等职业教育的认知理解和情感态度，那么非正式制度必然会影响主体对高等职业教育的行为实践。非正式制度影响高等职业教育的行为实践，从而影响和制约了主体对高等职业教育价值的选择。

（二）正式制度对高等职业教育价值认同的形塑

相较非正式制度，高等职业教育的正式制度具有强制性和外在性两种特征，高等职业教育正式制度分为政策、组织和操作三种类型。根据其特征和类型，正式制度形塑了主体对高等职业教育的价值选择。

1. 高等职业教育正式制度的特征

正式制度是人们有意识地制定的、正式的、由相关规定构成的公共规则体系，正式制度在组织和社会活动中具有明确的合法性，它依靠组织的正式结构来实施。[①] 从以上解释我们可以看到正式制度强制性和外在性的特征，因此高等职业教育正式制度亦具有强制性和外在性特征。

首先，高等职业教育正式制度具有强制性。高等职业教育正式制度的强制性指高等职业教育正式制度是一种刚性制度设计，并通过正式运行机制保障正式制度的有效监督实施和规范行为。高等职业教育正式制度对人们的教育活动有意识地进行规范和约束，并通过强制性手段来保障实施。高等职业教育正式制度强制规范了教育活动。

其次，高等职业教育正式制度具有外在性。高等职业教育正式制度是人们从高等职业教育活动之外对高等职业教育活动进行规范和约束。高等职业教育正式制度没有内在生发性，与非正式制度刚好相反。高等职业教育正式制度的

---

① 蒋春洋：《制度分析视角下我国高等职业教育发展研究》，东北师范大学，2013年，第24~31页。

外在性使得其对高等职业教育价值认同的影响是从外及内的，高等职业教育正式制度先去约束人的外显行为实践，通过外在约束实现对人的内在价值形塑。

2. 高等职业教育正式制度的类型

丹尼尔·W. 布罗姆利教授认为，正式制度分为三个层次，包括政策层次、组织层次和操作层次。其中，政策层次由立法和司法机关代表的法规安排，组织层次由行政机关代表的组织制度安排，操作层次主要包括行为主体选择范围由政策层次和组织层次上的制度安排。因此，笔者认为影响和制约高等职业教育价值认同的高等职业教育正式制度可以分为高等职业教育法律制度、高等职业教育组织制度和高等职业教育运行机制三个方面。

首先，高等职业教育法律制度是政府对从事高等职业教育活动的法律性规定，包括宪法、高等职业教育法律规定以及其他相关法律规定。高等职业教育法律制度体现为制度、运行和监督等。高等职业教育法律制度是高等职业教育活动开展的根本遵循。

其次，高等职业教育组织制度是政府对高等职业教育组织制定的法律性规定，包括高等职业教育组织的法律规定和政策文件。高等职业教育组织制度规定了高等职业教育组织在教育活动中职责和权限的边界，为纷繁复杂的高等职业教育组织体系运行提供一个明确规定。

最后，高等职业教育运行机制是高等职业教育制度之间、教育与制度之间、主体与制度之间在教育活动中所表现出的运行规律和运行特点等。有学者将教育机制分为教育的层次机制、形式机制和功能机制。[①] 高等职业教育运行机制是高等职业教育法律制度和组织制度运行的重要条件。

3. 正式制度对高等职业教育价值认同的影响

正式制度具有外在性和强制性的特征，这些特征使得正式制度规约下的合法性成为高等职业教育价值认同的逻辑起点。高等职业教育正式制度的外在性和强制性影响和制约着高等职业教育正式制度的存在方式与法理上的权力、组织结构和运行机制等方面，从而影响和制约着主体对高等职业教育价值的选择。

高等职业教育正式制度的强制性和外在性决定了高等职业教育在法律制度、组织制度和运行机制三个层面对高等职业教育价值认同外在且强制的规

---

① 孙绵涛、康翠萍：《教育机制理论的新诠释》，《教育研究》，2006年第12期，第22~28页。

定。高等职业教育法律制度从宏观层面对高等职业教育进行规范。教育组织制度的强制性和规范性提供了高等职业教育实践的平台。高等职业教育运行机制要求这些主体和群体甚至一定范围内的社会成员都毫无例外地遵守它的规定，这也正是高等职业教育正式制度具有强制和规范特性的体现。在高等职业教育正式制度的强制规范下，所有主体在高等职业教育活动中也要遵循规定及规定所要表达的价值导向。因此，高等职业教育正式制度影响和制约着主体对高等职业教育价值的选择。

高等职业教育主体的多元性导致其在高等职业教育价值选择中，不同主体会产生不同的利益诉求，主体与主体之间会产生利益冲突，如果没有强制理性的介入，理性选择很难在多主体之间达成共识。当不同主体存在利益差别的情况时，完全取消任何强制力的理想追求是不可能实现的，在这种困境下对强制力的限制和约束恰恰反映了人性的力量、理性的力量。因此，合理的高等职业教育价值认同的生成需要高等职业教育正式制度的外在干预和强制性的干预，以保障实现理性追求，同时保障高等职业教育价值认同趋于稳定和可控。

二、高等职业教育价值认同的行为分析

分配高等职业教育资源时，存在配置的需求和配置的发生。从某种意义上说，高职教育资源配置反映着主体开展或享受高等职业教育的行为。高等职业教育资源配置是享有资源的主体在一定资源配置模式下，对人力、物力、财力等高等职业教育资源在不同使用方向上的分配。资源配置模式是指关于高职教育资源如何配置、为谁配置等问题的回答与选择。资源配置模式的确定代表着配置主体对高等职业教育价值的充分认知理解、明确的情感态度和价值倾向。因此，笔者通过分析高等职业教育资源配置行为，探究不同主体对高等职业教育价值认同形成的文化根源。

（一）师资配置对高等职业教育价值认同的影响

高等职业教育资源配置的首要问题是高等职业院校师资配置，教育部相关政策文件强调高等职业院校的"双师型"师资配置。"双师型"师资配置的特征反映出不同主体对高等职业教育的不同价值诉求，从而影响和制约着高等职业教育价值认同的结果。

1. 高等职业院校"双师型"师资队伍特征

高等职业教育的快速发展需要与之匹配的师资队伍，高等职业教育强调学生的实践生产能力，为此建设"双师型"师资队伍成为高等职业院校人力资源建设的首要任务。高等职业教育"双师型"教师需要具备以下几个特征：一是需要具有扎实的专业理论知识和专业技能，二是能够将专业理论知识和专业技能应用于企业实践，三是能够引导学生具备专业理论知识和专业技能。

从以上高等职业教育"双师型"师资队伍的特征不难发现，这个概念中涉及几个要素且这些要素之间存在内在联系，形成一个系统。首先，高等职业院校"双师型"教师必须具备企业实践活动所需的实践技能及学科体系中扎实的专业理论知识，将企业的实践技能和学科的专业理论知识相融合。其次，高等职业院校"双师型"教师要在学校这个场域内完成教学，引导学生具备实践知识和实践技能。再次，高等职业院校的学生需要到企业中去实践所学理论知识和操作技能，从企业获得工作场域的实践知识和实践技能。最后，学生毕业后要进入社会场域，运用所学的理论知识和实践技能参与社会生产生活。因此，教学场和工作场中的理论知识和实践技能将高等职业院校、教师和学生、企业串联到了一起，并形成一个系统。

在这个系统中，"双师型"教师不断地吸收理论知识和实践技能，为学生传播知识和传授技能做好铺垫。高等职业院校"双师型"教师具有"技术性"与"师范性"这两个要素，并成为衡量高等职业院校教师"专业化"的重要指标。在高等职业院校教师职称发展的渠道中，可以通过职业资格证获得对应的中级或高级职称，换句话说"双师型"教师的"专业化"程度在某种意义上代表了高等职业院校教师的身份和地位。此外，在这个系统中，高等职业院校的学生作为教育的主体，不仅在教育活动中获得职业知识和技能的提升，同时他们在实践的过程中发挥着重要的作用。高等职业教育学生进入社会，将所学的专业理论知识和实践技能运用到企业生产之中，能更好地适应企业要求，从而体现了高等职业教育的经济价值。

2. 配置"双师型"师资对高等职业教育价值认同的影响

高等职业院校对"双师型"师资配置认识存在误区，导致人们对高等职业院校师资水平的认识和价值判断产生偏差，从而影响人们对高等职业教育价值认同的结果。我国高等职业院校认为"双师型"师资配置是非常重要和急迫的，但是对于"双师型"师资内涵的认识与理解却存在一定的误区。通过访谈得知，高等职业院校人力资源管理部门认为"双师型"教师素质要求理论和实践能力兼备，在实际的认定过程中，高等职业院校往往以"双证"作为"双师型"教师的认定标准。高等职业院校管理人员普遍认为"双师型"这个概念是高等职业教育的专用名词，对普通高等教育而言，应该强调教师的学术能力。在人们的传统观念中，作为高校教师具有一定的学术能力，是高校教师素质与能力的重要衡量标准。而"双师型"教师与传统认识中高校教师的身份要求联系不大。这种观念影响了人们对高等职业教育师资配置水平的认识和判断，从而影响人们对高等职业教育价值认同的结果。

一直以来，我国高等职业院校对政府的管理政策和运行机制具有强烈的依赖性，这种"习惯性依赖"导致高等职业院校没有根据实际教学情况对教师资源进行考量，更多地考虑政府对高等职业院校师资配置的要求。高等职业院校是"双师型"师资配置的主体，但是在实践中，高等职业院校更多的是以被动的姿态适应并执行上级政策要求，在师资配置上缺乏创新的精神、变革的思维及大胆实践。政府提出"双师型"师资配置要求时，在高等职业院校依赖政策要求进行人力资源配置，所以配置过程实现了政府对高等职业教育的政治与经济价值诉求，而对教育自身出发思考不足，使得高等职业教育本体价值弱化。在高等职业院校"双师型"师资配置过程中，工具价值的强化和本体价值的弱化，导致人们对高等职业教育价值认同产生偏差。

相对于普通高等院校，高等职业院校通过人才引进很难实现优质师资队伍配置。根据高校人力资源管理理论，人才引进是人力资源开发的重要途径。随着高等职业教育规模的迅速扩张，高等职业教育对人力资源配置无论是在数量还是在质量上都提出了很多要求。从目前高等职业院校的师资队伍来看，在年龄结构、职称结构、学历结构等方面与普通高等院校相比都存在很大差距。为了实现人力资源的合理结构，高等职业院校分别出台了相应的人才引进政策，但是实际效果并不理想。在访谈中得知，具有博士学历的应届毕业生进入普通高等院校的机会很难，大部分普通高等院校招聘的要求是"985"或"211"等名校毕业的博士研究生，甚至有些高校只招收海外博士研究生。在这种情况下，即便进入普通高等院校，大部分应届博士研究生都是从辅导员做起，未来发展亦是长路漫漫。而高等职业院校的博士引进政策，待遇丰厚，包括安家费、科研启动经费、临时住房、入职即享受副教授待遇等，即便如此，高等职业院校引进博士的效果却并不理想。这就形成了恶性循环，优秀的人才不去高等职业院校，高等职业院校缺乏高学历高职称人才。在"唯学历论"的传统思想影响下，人们对高等职业教育价值认同产生了偏差。

（二）经费配置对高等职业教育价值认同的影响

近年来，我国公共财政教育经费对高等职业教育的投入呈上升趋势，但是远远落后于普通高等教育的经费配置，与其他国家相比，也远低于大多数国家的同层次学校，缺乏国际竞争力。高等职业教育经费配置从行动上反映了配置主体对高等职业教育价值的认识和理解，从而直接影响了主体对高等职业教育价值认同的结果。

1. 经费投入总量影响高等职业教育价值认同

教育经费投入总量能体现该地区或地方对教育投入的财政支持力度。笔者通过查阅教育部官方网站关于2016—2020年全国教育经费统计快报发布的数据，统计出了近几年高等职业教育经费投入相关数据。2016—2020年期间，中国高等教育经费总投入分别为10109亿元、11109亿元、12013亿元、13464亿元、13999亿元，其中高等职业教育经费投入分别是1830亿元、2023亿元、2150亿元、2402亿元、2758亿元，高等职业教育经费投入占高等教育经费总投入的18.1%、18.2%、17.9%、17.8%、19.7%（见表4-1）。

表4-1　2016-2020年高等职业教育经费投入相关数据统计

年份	2016	2017	2018	2019	2020
高职教育经费投入（亿元）	1830	2023	2150	2402	2758
高等教育经费总投入（亿元）	10109	11109	12013	13464	13999
高职占比	18.1%	18.2%	17.9%	17.8%	19.7%

无论是从高等职业院校数量，还是在校生规模，中国高等职业教育都可以称得上占据了高等教育的半壁江山，但是经费投入占比连续5年都没有达到20%，与普通高等教育经费投入总量相比，高等职业教育经费投入特别低。从经费投入的情况来看，政府虽然不断强调高等职业教育的重要性，但是在实际行动中，却有很大差距。

2. 生均拨款不足影响高等职业教育价值认同

生均拨款的不足以及与普通高等院校对比之间的差距，从某种程度上反映了政府主体对高等职业教育价值和普通高等教育价值的理解和认识，政府主体虽然对高等职业教育的重视程度在逐步提升，但是对比普通高等教育，高等职业教育还有相当大的距离。此外，高等职业教育经费配置的不足带来的师资配置、教学设备设施的不足，导致高等职业教育内涵建设仍需提高，从而对其他主体，包括用人单位、学生甚至是普通社会民众对高等职业教育价值的理解和认识产生影响，最终影响了高等职业教育价值认同的结果。

从生均拨款来看，中国高等职业教育生均拨款较低。根据联合国教科文组织的《国际教育标准分类（2011）》（ISCED 2011），中国高等职业教育属于第5层次的短期高等教育（Level 5，Short-cycle tertiary education），等同于美国的社区学院或者德国的应用技术大学等，属于实践型、技术型和职业专门化的高等教育，学制2~3年。根据世界银行公布的"购买力平价指数"，把中国高等职业教育以及其他国家第5层次教育的生均拨款按照货币与美元的购买力平价指数换算后进行排名，中国高职院校的生均拨款水平非常低，在26个国家或地区中排名倒数第三。[①] 其中德国、法国、英国等国家第5层次教育的生均拨款高于他们国家的普通高等教育拨款，而澳大利亚、日本、中国等国家第5层次教育的生均拨款则低于他们的普通高等教育拨款。

3. 经费来源结构影响高等职业教育价值认同

从经费来源看，相比德国、美国、日本等国，我国经费来源较单一。德国高等职业教育具有较高的社会地位，社会对高等职业教育的学生具有较高的认可度。这可能与德国经费结构有一定关系。德国经费来源的多元化趋势愈加明显，德国高职院校经费的重要来源主要是州政府和地方政府。德国政府鼓励第三方中介组织参与经费配置，通过给予资金补助等方式保障其发挥积极作用，在此过程中引导学生职业精神和职业态度的养成。美国经费投入也是多元化的，美国政府财政投入在高等职业教育经费占比较高。相对于其他国家，日本高等职业教育的市场化程度比较高，其办学资金主要来源于学费、政府、社会捐赠、企业，日本公立院校的投资主体是中央政府，主要经费来源于中央财政，私立院校的投资主体为企业，政府对企业在税收上予以优惠。目前我国的经费筹集机制尚未形成，高等职业教育经费主要来源于财政投入和学费收入，企业没有积极投入高等职业教育经费，调动企业参与高等职业教育的经费投入

[①] 周金城、戴文静、刘大尚：《我国高职院校生均拨款水平研究——基于国际比较的视角》，《中国高教研究》，2018年第7期，第104~108页。

仍然是个难题。

随着中国高等教育国际化程度的不断加深，中国高等职业教育相关主体对其他国家高等职业教育情况的了解也会越来越深入。高等职业教育经费配置对高等职业院校软硬件建设、教师队伍水平等方面有着重要的影响。但是，中国高等职业教育经费配置一直很低，影响其办学水平的提升。长此以往，势必会影响人们对高等职业教育价值的认识和评价，最终影响人们对高等职业教育价值认同的结果。

（三）实训资源配置对高等职业教育价值认同的影响

虽然高等职业教育经费一直处于紧张状态，但是高等职业教育重视实训资源的配置，不断增加投入量和投入内容。随着高等职业教育的不断发展，专业对实训资源的要求、不同专业之间实训资源的整合需求、理论和实训教学的融合需要等成为高等职业教育实训资源配置有待解决的棘手问题。

高等职业教育实训资源配置投入较大是为了更好地服务经济建设，高等职业教育实训资源存在投入大与使用率较低之间的矛盾。一方面，大部分高等职业院校都建立了相对完善的实训基地，配置与社会经济市场相一致的实验实训设备、相关的图书资料等，资金的投入量较大。另一方面，部分高等职业院校实验实训设备使用次数较少，甚至有些实训资源长期无人使用，造成设备资源的长期闲置；设施设备的磨损消耗程度很小，造成实训资源的浪费。此外，为了使学生掌握的实训技能与社会所需要的就业技能相一致，还要尽快淘汰和更换设备，为学生及时更新实训条件，以便更好地适应社会需要。

高等职业教育在实训资源中的持续投入，使得高等职业教育的工具价值不断被强化。按照教育价值理论，高等职业教育价值包括本体价值和工具价值，两种价值应该相互补充。但是在现实中，高等职业教育实训资源配置主要从社会经济发展的客观需要出发，满足我国工业化和产业化的发展对技能型人才的需求。相应地，熟练的操作技能成为高等职业教育学生成才的重要评价标准，高等职业教育培养目标也随之与行业标准、职业要求"无缝对接"、人职匹配实现"零距离"等。在高等职业教育不断强化的实训资源配置下，强化了学生操作技能等工具价值的倾向，但是，引导学生树立崇高理想信念、养成高尚的道德情操、追求人生意义等本体价值重视度远远不够。

三、高等职业教育价值认同的观念分析

在现实生活中,很多家长和学生都会更倾向于选择普通高等教育。这种情况形成的原因,不仅仅是普通高等教育的入学门槛降低,家长和学生具有更多的选择机会,更深层的原因是社会文化造成的,人们的主观意识形态决定了对事物的认识和行为,而这种意识形态的形成与整个社会的文化有着天然的密切联系。正因如此,在同一个群体中生活的人,往往具有相似的价值认同。那么,对于一个人而言,其选择往往与群体的其他成员保持一致。

(一)"学而优则仕"观念下高等职业教育工具价值的强化

中国的高等职业教育面临的发展困境与中国传统文化遗传有着莫大的关系。几千年来,中国人崇尚"学而优则仕"等观念已根深蒂固,已然构成了社会文化的重要组成部分,并渗透进人们的思维模式中,深深地影响着人们的价值认同,导致人们的人才观念有失偏颇。从某种意义上讲,他们认为选择了普通高等教育就能光耀门楣,而选择这种重视操作技能的高等职业教育则很难实现光耀门楣。这种偏见具有很强的生命力,深深地根植于人们的思想观念之中。尽管我国高等教育早已实现大众化、普及化,但这种偏见依然存在,它与社会文化有着深刻而密切的联系,并深深地影响着人们的思想观念。这种思想意识一旦形成,就会有一定的持续性和传递性。这种持续存在的思想观念使我国高等职业教育在一定时间内面临着较大的发展阻力。在现实中部分人认为高等职业教育是"二流教育",将高等职业教育仅视为谋生的一种手段,如果有其他选择机会,就不会选择高等职业教育。这些都将长期影响我国的高等职业教育,使得高等职业教育发展陷入困境。

(二)"职业阶层"观念下高等职业教育价值理解的偏颇

社会分层是人类社会发展的必然的客观现象,人类进入文明社会后,社会阶层成为一种普遍存在的现象,旧的社会分层过程一旦消失,新的社会分层过程就会马上取而代之,且社会分层在一定程度上推动着社会的发展。马克思认为,每个历史时代都存在社会划分等级的现象,存在社会地位多种多样的层次。社会阶层的存在使社会不平等,而社会不平等就造成了压迫和剥削。传统的社会分层主要因经济条件的不同具有先赋性和遗传性,从而形成森严的阶级划分和等级制。现代的社会阶层划分则是以职业、收入和声望等作为参考标

准，这些多元化的参考标准具有不固定性，从某种程度上削弱甚至削除了传统意义上的剥削和压迫。但是现代的社会分层仍然对稀缺社会资源的分配影响深刻，在现阶段的社会背景下，要实现绝对的平等和公平，采用何种分配方式配置社会资源都很难达到。

教育被人们看作是实现代际跃迁的主要途径，是实现社会阶层流动的重要手段。有学者认为社会阶层的划分应该以职业分类作为基本条件，以组织资源、经济资源和文化资源的占有情况作为主要参考标准。这种观点强调不同的职业具有不同的社会属性，包括经济条件、社会声望、资源分配额度和排序等内容。因此，从事不同职业的人享有相应的"职业权利"，那么也使得这些人相应的处于不同的层次和群体。也就是说，在多元化职业的社会中，从事某项职业就进入与其相对应的社会层次，也就获取了特定的"权利"。

从某种程度上说，传统文化中"劳心者治人，劳力者治于人"的"劳心"与"劳力"的差异，就是人们对理论知识与技术操作理解的差异。在人们的观念中技术操作和理论知识之间存在着差别，技术被人们看作是"雕虫小技"。然而高等职业教育把技术视为教学内容的核心，无疑会受到排斥或被边缘化，其本质根源是中国传统文化中缺乏对"技术"的尊重，人们"重学轻术"，推崇学历学位，对技术技能缺乏认同。加之，目前高等职业教育的现状导致学生毕业后很难高质量就业，在这种情况下，人们自然会竭尽全力地选择普通高等教育而回避高等职业教育。

（三）传统观念对高等职业教育价值认同的影响

西方发达国家的职业教育取得成功，主要归功于西方国家先进的工业文明和发达的技术文化。工业革命的洗礼为西方工业文明的创建和发展奠定了坚实的社会基础，成为社会经济发展的动力源泉。在工业革命的推动下，西方国家最终实现了工业社会的转型，随着工业社会的出现，社会急需大量的技能型人才，这为西方职业教育的快速发展提供了先天条件和先天优势。众所周知，德国职业教育很发达，这得益于德国良好的社会文化氛围，人们重视工业技术，他们尊重工人，也不会按照学历划分人才。德国这种重视工业技术的文化经过历史的传承，促进了工业的发展，同时也为职业教育的发展奠定了扎实的文化基础。

在中国传统观念的影响下，人们对高等职业教育价值缺乏认识和理解。在很多人的观念中，人们从事的职业从某种意义上就代表了他的身份和地位，坐在办公室里工作的人和在车间里工作的人是有很大差异的，他们认为坐在办公室里工作要比在车间里工作体面。尽管在世界经济大发展的影响下，我国的经济模式也在积极探索并发生较大转变，但传统观念依然阻碍我国高等职业教育发展。

中国技术文化的缺失影响和制约着人们对高等职业教育价值的认识和理解。技术文化是人们对技能的认知、信仰及崇拜，文化环境会影响技能型人才的成长，传统文化观念影响着人们对技能型人才的认识和理解，同时也影响和制约着人们对高等职业教育价值的认同。人们对技术与技能的漠视，再加上推崇普通高等教育，以技术与技能型教育为主的高等职业教育在我国得不到足够的重视。然而，技术文化在本质上是传授人的技能文化，即技术文化不是简单地局限于技能训练，不是人束缚于机器操作，而是要突出技能与人文的结合。技术文化的缺失造成人们对高等职业教育价值的认识产生了偏颇，从而影响着人们对高等职业教育价值认同的结果。

第五章　高等职业教育价值认同的理论建构

基于前文对高等职业教育价值认同形成的深层根源的分析,本章试图去探寻高等职业教育价值认同的理性建构,主要包括高等职业教育价值认同的基本条件、内容维度、理想目标。

第一节　高等职业教育价值认同的基本条件

泰勒在《自我的根源——现代认同的形成》中阐明了一个现代认可的图景,强调了理想价值选择的三个基本条件:一是主体是谁?二是日常生活在主体的道德图式中有什么样的地位?三是主体对现代世界中主体境遇的感受、见解、要求的表达,即主体对善的找寻,以及在这种找寻中透露的不满与绝望等,塑造现代性道德起到什么作用?依据泰勒的描述,高等职业教育价值认同的基本条件包括三个方面:主体性、社会支撑和价值标准。[1]

一、主体性

海德格尔提出,人是存在者的尺度和中心,人是一切存在者的基础,也就是一切对象化和可表象的基础,即一般主体。[2] 王道俊、郭文安提出,主体教

---

[1] 查尔斯·泰勒:《自我的根源:现代认同的形成》,韩震、王成兵、乔春霞等译,译林出版社,2012年。

[2] 海德格尔:《存在与时间》,陈嘉映、王庆节译,商务印书馆,2019年。

育思想以哲学中的主体及主体性概念作为自己的理论基础,但它也在实践中形成了自己的特点和内涵,即从教育的领域来研究教育活动的主体,研究学生作为教育活动主体的主体性,研究学生主体在学习、认识及交往活动中的地位、能力和作用等,促进学生的主体性、能动性、积极性在教育活动中的生成,从而达到提高教育活动的质量和效果,培育学生的创造性和主动性的教育目标。①

当代教育对于学生主体性的重视是与时代发展紧密联系在一起的,学生的主体性是指在教育活动中作为主体的学生在教师的引导下,处理与外部世界关系时所表现出来的选择性、自主性、能动性、创造性。虽然高等职业教育的主体是多元的,但是在对教育本质的理解中,高等职业教育的主要主体应该是学生。忽视学生作为高等职业教育价值认同主体,必然会导致学生在高等职业教育价值认同中出现迷失。这需要学生主体在高等职业教育价值认同的形成中反思主体观念,在挫折和逆境中发挥其主体作用,将高等职业教育价值毫无掩饰地展示在人们面前,使学生主体意识在高等职业教育价值认同中觉醒。

(一)学生主体的自觉性

教育实践表明,学生主体只有依靠自己的思想和自身的行动来提升自己的生命智慧,在这样的过程中不能依赖他人或他物,争取学生自身内在的生存和发展。在历史进程中其他主体强化了代表他们利益的高等职业教育价值认同,可能对学生主体产生重压。如果学生主体被它压垮,成为听命于他人或以客体身份出现的别的"主体",那么学生主体就会长久滞留于主体自失或者异化的状态;相反,如果将学生的主体身份归还,高等职业教育就能够经得住复杂历史文化环境的洗礼和涤荡,经历各种磨难而不畏困难、笃定前行,在多元主体和不同利益的纷扰中,如果能确保高等职业教育价值认同学生的主体地位,确保学生主体性归位,那么学生主体将从主体自失中解脱出来,从而达到自觉状态。

在高等职业教育的演变发展中,学生主体已经越来越受到人们的关注。高等职业教育中学生主体不再是消极接受外在环境或者他人作用的被动存在物,不一定要接受外在要素的摆布和安排。这些外在要素不是主宰学生主体生命历程的一切力量,也不是先天注定的固定程序。享受高等职业教育的学生不再是

---

① 王道俊、郭文安:《试论教育的主体性——兼谈教育、社会与人》,《华东师范大学学报(教育科学版)》,1990年第4期,第33~40页。

提升智慧的旁观者，学生可以作为主体通过自己的努力，将自己的生存和发展融入自身的运动和变化之中。学生主体在对高等职业教育价值认识和理解的前提下，主动地借助于高等职业教育实践活动，并作用于高等职业教育价值选择之中，在这种对象化的高等职业教育活动中实现学生主体地位，从而证实高等职业教育学生主体的本质和力量。高等职业教育学生主体意识的恢复与自觉将会更接近高等职业教育的生命本质，学生就能深刻体会到自己作为高等职业教育价值认同的主体。

高等职业教育学生主体的自觉不是肤浅的自知，而是摒弃学生主体对高等职业教育价值盲目的、无知的、主观的选择。高等职业教育实践的深化，是高等职业教育学生主体在更高水平上的觉醒，这种在学生和高等职业教育价值的现实关系中的主体状态，已实现了主体自觉。在高等职业教育价值认同中，只有学生主体进入主体自觉阶段，才能建构理性的高等职业教育价值认同。

（二）学生主体的自强性

学生主体的自觉性首先体现为对高等职业教育价值认同特点和规律的认识、理解和把握。同时还应清楚地把握学生主体与高等职业教育价值选择之间的关系，将学生主体置身于高等职业教育现实活动之中，置身于高等职业教育价值认同的困境之中，从而激发学生主体自我意识的反思和觉醒。在学生主体自身的现实场域中自省，激发学生积极主动面对和思考高等职业教育价值认同存在的偏差，通过自身努力反思偏差产生的原因，并纠正这种偏差。

高等职业教育学生主体不应盲目地满足于现状，对高等职业教育现实困境、对价值认同偏差视而不见。为了在观念中和现实中能动地把握高等职业教育价值，正确地处理好自己与其他群体的关系，高等职业教育学生主体应不断提高和强化自身的认知能力和实践能力。高等职业教育学生主体要放弃对其他利益群体的依赖，追求自我的内在力量的充实，充分表现学生主体的自强性。

在学生群体成长的过程中，自强是学生作为主体自觉地通过切实的努力增强自身实力的过程，这也是一个长期的艰苦奋斗的过程。只有经过多年埋头学习、反复历练的人，才有可能迈向成功，成为杰出的人。自强不息是一种精神力量，需要持久而扎实的用功，如果不这样就不能实现真正的自强。学生群体在成长中自强，除学生个体和学生群体的共同发展，还需要考虑与其他群体的关系，甚至考虑民族和国家的兴旺发达。"少年强则国强"这一铿锵有力的倡言至今仍在鼓舞着青少年。

学生主体的自强性表征着学生作为高等职业教育价值认同主体的主体性逐

渐增强，是学生主体性的行动表现。学生主体的自强性是其主体性基于自觉性观念的进一步提高，向学生主体自为性的行动迈进。学生主体的自觉性是学生作为高等职业教育价值认同主体的自我意识和自我观念，建立在对高等职业教育及其价值的充分认识和理解上，并且体现为学生作为高等职业教育主体身份的确认。高等职业教育学生主体性自觉是一种学生主体对于高等职业教育价值的意识关系，属于认知范畴。然而，高等职业教育学生主体的自强性具有双重性质：一方面，自强性是学生主体基于对高等职业教育认识理解的自我意识的延展和深化，体现为学生对职业知识和职业技能的渴望，对生命意义和精神的追求。另一方面，在高等职业教育实践中自强性是学生主体现实地把握高等职业教育价值的能力，这并不表示学生主体要去改造高等职业教育价值认同，而是改造学生自身。

（三）学生主体的自为性

学生作为高等职业教育价值认同的主要主体，不应该只停留在观念中，而应在高等职业教育价值选择的行动中，以强有力的主体姿态指向和改变高等职业教育价值认同，这时高等职业教育学生的主体性已经达到了自为的阶段。黑格尔认为，人的真正的存在是他的行为，在人的行为里，个体性是现实的，有什么样的行为就有什么样的个人。因此，高等职业教育的学生只有做到以高等职业教育主体的身份和态度把握高等职业教育活动，以学生主体的行为把握高等职业教育价值，才是真正意义上实现其作为高等职业教育价值认同行为的主体，即具学生主体的自为性。

学生主体的自为性的实现，不仅仅是学生主体的自觉能动的体现，更是学生主体的创造性能动的体现。创造性是高等职业教育学生的自觉能动性的集中表现，也是学生生命意义的最高体现。这里的创造是高等职业教育的学生主体发自内心的意识和思想源泉转化为高等职业教育活动中的创造行动。学生主体在高等职业教育实践中，不应该只满足于被动地接受高等职业教育价值，而应该力图通过自己的主动参与，不断探寻高等职业教育应有的价值，适合于生命主体生存和发展的价值。这种创造会经历新的过程、产生新的结果，所以它不是被动地接受已有的安排和定位。被定位的高等职业教育价值具有一定的稳定性，所以要突破或改变原有的高等职业教育价值认同状态，就要有不同于以往的学生对高等职业教育活动的主动参与，对高等职业教育价值的主动选择。

强调学生主体参与高等职业教育价值的主动选择，实现学生在高等职业教育活动中的创造性意义，不是说学生主体可以创造和改变高等职业教育活动，以创造性之名盲目地选择高等职业教育价值。其实，在高等职业教育价值选择过程中，学生主体可能易于接受其他主体对高等职业教育价值认同的结果。习惯是人的第二天性，学生主体在习惯性的活动中，根据自己有限的时间和精力，不去主动创造性地选择高等职业教育价值而选择被动接受，使得学生主体惯性地重复性地接受高等职业教育价值认同的结果，学生主体自为性的实现就很难成功。尽管如此，引导学生认识生命存在的意义，并将其与高等职业教育价值认同结果相联系，让学生主体集中时间和精力并充分发挥主体的创造能力，是实现高等职业教育价值认同的学生主体的自为性的关键所在。

（四）学生主体的自由性

自为和自由都是个人主体性的高级阶段。自为和自由二者之间颇为相似，很多时候主体自为性和自由性可以相互替代使用。从某种意义上讲，高等职业教育学生主体的自为性就是其自由性，高等职业教育学生主体的自由性就是其自为性。学生作为高等职业教育价值认同的主体，其自为性体现在学生参与高等职业教育价值选择时能动的主体性；而高等职业教育主体自由性则体现为，从学生主体在高等职业教育价值选择的对象化过程中，反观学生主体自身的生命主体性。由此，我们不难发现，高等职业教育学生主体的自为性是客观的、外在的，学生主体将在高等职业教育价值选择中实现自己；而高等职业教育学生主体的自由性是主观的、内生的，学生主体将在高等职业教育价值选择结果中实现对生命价值的追求。

正如前面所述，学生作为高等职业教育价值认同的主体，其自由性是一个心理体验过程。在此过程中，高等职业教育学生主体是实现了以自觉和自为为前提的主体自由。如果参与高等职业教育价值认同的学生主体缺乏自觉或者不能自为，那么这种主体自由性就是主观的、虚妄的幻想。从某种程度上讲，自由等同于解放。我们可以将高等职业教育学生主体的自由性看作是学生与高等职业教育价值的关系范畴，也可以将其简单地看作是学生主体自身固有的、可被释放的一种性质。但是，高等职业教育学生主体的解放需要以约束学生主体价值存在为前提，强调学生在高等职业教育价值选择中作为主体存在，它体现为学生主体对于高等职业教育价值选择的关系。本性自由的学生主体应该摆脱社会文化和利益博弈对高等职业教育价值选择的捆绑，释放主体人的自由、解放生命。

学生主体的自由性是历史必然的实现，不是简单的个别偶合，高等职业教育学生主体的自由性是教育生命本质特征的全面状态的现实表征，形成了学生主体在参与高等职业教育价值选择中生命主体特性发展演化的一个高级阶段。因此，高等职业教育学生主体的自由性是生命主体特性发展的最高阶段，是将学生作为教育主体、学生参与高等职业教育价值选择的真正实现。

二、社会支撑

辩证唯物主义认为事物的内因和外因在其发展过程中是相互独立和相互依存的，内因和外因共同作用影响着事物的发生和发展。因此，高等职业教育价值认同的理论建构不仅仅是高等职业教育范畴内的问题，在一定时期内高等职业教育价值认同生成的主要因素还包括其所处的社会环境，一个理想的高等职业教育价值认同也一定是推动时代发展和进步的强大力量。社会政治、经济、文化是人类社会进步的坚实基础，人类社会进步也是对已有进程中产生的偏差进行修正的过程，每一个具体偏差形成的样态都是历史前进的动力，而对偏差的修正正是历史的进步。基于前文的分析，笔者力求在高等职业教育外找到理想的高等职业教育价值认同的社会支撑条件。

（一）政治条件的支撑

随着高等职业教育制度化不断完善和发展，尤其是在高等职业教育社会地位从边缘走向中心，以及高等职业教育本体价值和工具价值的选择过程中，政治导向对社会成员和高等职业教育的渗透越来越深。政治的影响体现在高等职业教育的方方面面，我们可以从高等职业教育的宏观管理到一般的高等职业教育活动感觉到政治影响的存在。从高等职业教育办学定位、高等职业教育办学条件、高等职业院校资源配置、高等职业院校的文化氛围到各项规章制度，从高等职业教育的教师到学生，都在政治影响下有序进行，从而保障了高等职业教育价值选择、高等职业教育行为实践，以及高等职业教育制度的嬗变、重组与更新。

对于高等职业教育而言，政策作为一种外部的社会力量，影响着高等职业教育的发展方式和发展方向，同时直接决定着高等职业教育价值认同的结果。在我国当前的社会环境下，部分地区或部分单位"唯学历论"的情况依然存在，"官本位"思想也在影响着一部分人。因此，我们要防止具有强制性的政治权力对高等职业教育价值选择的影响和制约，这需要高等职业教育始终坚持遵守教育自身的规律，坚持守住教育的本真存在，同时高等职业教育也要坚持依法治教，以此抵制政治权力对高等职业教育发展和价值选择的过度干预。历史证明，在任何时代背景下，具有探求知识的有志之士、具有追求真理的知识分子、具备精神气质的思想者，总是发挥引领那个时代的前沿的教育思想的作用。理想的社会支撑就是要为这些具有前沿知识、社会良知的人提供自由的环境，让时代精神的脊梁高高耸立，反映社会精神生产过程的正向引领。高等职业教育的健康发展和高等职业教育价值认同的变化，应该在这种政治环境下进行，以保障高等职业教育其教育规律的延续和对教育本真的追求。

（二）经济条件的支撑

从历史的维度来看，高等职业教育从来没有脱离社会经济状况，更没有超越社会生产力的发展水平。社会经济和社会生产力为高等职业教育发展提供了人力、财力和物力等资源保障。高等职业教育发展的基础是社会经济发展，社会经济发展水平影响和制约着高等职业教育的发展规模和发展速度，同时也决定着高等职业教育价值选择。可以说，社会经济发展到什么程度，高等职业教育就能发展到什么程度。因此，建构理想的高等职业教育和高等职业教育价值认同，必须有充足的社会资源做保障。

马克思给我们提供了一个共产主义的图景，在这个充满浪漫色彩的图景中，人已经完全脱离了物质的束缚和枷锁。这个图景中人的主体性得以实现，人固有的主体自觉性和自由性得以归位，而这种归位的前提就是社会经济发展已经超越了人对于物质的需要和幻想。

新时代中国特色社会主义背景下，社会经济水平明显提高，科学技术得到迅猛发展，生产力水平总体提升，在信息技术、大数据、工业制造等很多方面都进入世界前列。我国现阶段所处的时代背景，为高等职业教育价值选择提供了较好的环境。当下，建设和发展社会主义社会是国家发展的主旋律，在此背景下的社会主义教育体系为高等职业教育发展提供了保障，这也是修正高等职业教育价值认同偏差的现实性基础。

因此，我们要大力发展社会生产力，创造充足的社会资源做保障，为创建理想的高等职业教育和形成理想的高等职业教育价值认同打下扎实的资源基础。随着社会经济的不断发展和我国综合经济实力的不断增强，未来的高等职业教育将回归教育本真，将不再有"人"之外的目的，生命发展将成为高等职业教育追求的唯一目标，高等职业教育价值的异化现象将会被彻底地扬弃。

（三）文化条件的支撑

职业没有高低贵贱之分，无论从事何种职业，人们都可以获得稳定且丰厚的报酬，都能过上优渥而有尊严的生活。享受高等职业教育不仅仅是人们谋求生存和发展的手段，同时更是满足个人兴趣爱好、发展个性特征的途径。

首先，消除社会偏见，回归高等职业教育应有的社会地位。我们要努力改变人们将高等职业教育视为普通高等教育补充的错误认识，改变高等职业教育是国家利益的工具的错误观点，改变高等职业教育是个人谋生的手段的错误理念。高等职业教育是国民教育体系和国家人力资源开发体制的重要组成部分，应该发挥好高等职业教育引导人、发展人的教育功能，发挥好高等职业教育的学生发展能力的社会功能，它不是可有可无的教育形式，更不应该是学生考不上普通高等学校之后的无奈选择。

其次，以"生命本位"代替"学历本位"，使高等职业教育回归本位。"学历本位"的教育行为违背了教育的公平原则，导致人们一味地追求优质教育资源，偏离了对教育本真的追求。在这个环境中，人们过分突出学历，致使教育的功利性价值表现突出，教育成为受教育者获得社会地位和经济地位的重要途径。这种思想严重影响和制约着高等职业教育的发展，制约着教育的发展，消解了教育的本质，忽略了教育过程中人的存在。教育不是束缚和捆绑人的外在力量，教育不是控制受教育者的外在工具。我们应该让教育回归于生命价值，让高等职业教育回归价值，我们要时刻清醒地认识到人的发展才是教育的根本目的。

最后，改变职业观，让技能型人才得到应有的社会地位。无论从事何种职业，只要是正当的，合乎道德和法律的，都是没有高低贵贱之分的。然而，现实中技能型人才被有些人贴上了代表层次性的蓝领标签，尽管技能型人才在社会发展和经济建设中做出了突出贡献，但是他们的经济地位和社会地位则普遍偏低。每个人都有自己的兴趣和个性特点，高等职业教育的受教育者基于个性特点习得相应知识和技能，成为技能型人才，并进入社会成为建设者。因此，我们必须树立职业平等观，让技能型人才享受与社会其他职业人才同等的经济待遇和社会地位，激发他们的主观能动性，实现其特有的劳动价值。

三、价值标准

高等职业教育的主体是人，高等职业教育价值认同的主体也是人，因此我们必须理解人的本质是什么。"人性论"是对人性和人的本质进行深入探讨，关于"人到底是怎样的"结论却并不一致。就高等职业教育而言，如果要实现理想的高等职业教育价值认同，我们必须先要深入了解人追求的是什么。

教育强调顺乎自然。对于高等职业教育而言，教师应引导学生开发其内在潜力，以尽可能实现学生充分而全面的发展，遵循并顺应人的发展规律。高等职业教育价值认同的理想建构以其教育本体价值的实现为基础，这是高等职业教育价值重构的基本前提。

（一）对生命意义的追求

生命的本质并不是简单地活着，而是追求生命的意义和价值。生命活动是实现自我意志的过程，生命应该以实现自我意志为目的，使短暂的生命成为有意义的永恒。人本身是一种意义的存在体，人更是需要自己主动探寻人生的意义和价值的存在。正如康德所说，如果没有外物的话，躯体就不是一个活的躯体；而没有躯体的能动性，外物也就不是它的世界。人之所以为人的本质，是意义性存在，是价值性实体。如果人的生存和生活失去意义的引导，那么人将与动物没有什么两样。因此，每个人都应该具有主动探寻生命意义与价值的精神，并找到自己人生意义之所在，正如一片飘浮于空中丢失了灵魂的树叶，找到那片属于它的大地，安放它的灵魂。

对于高等职业教育的学生而言，应该具备对生命意义与价值的理解和把握能力，当他们遇到困难时，可以正确地处理和应对，避免用过激行为解决问题。正如韦政通所说，一个人活着，即便有再多的财富，有再大的名气，当在某个人生阶段遇到挫折时，都有可能产生活不下去的念头。这个时候，如果他具备探寻的生命意义能力，充满对人生意义追求的热情，就不会轻言放弃。[①]

高等职业教育是提升人的智慧的过程。高等职业教育必须唤醒受教育者追求生命意义和价值的意识，让受教育者掩埋于内心深处的意识觉醒。高等职业教育帮助和引导受教育者寻得其人生的意义与价值，引导生命个体根据自己的个性与旨趣追求其独特的生命意蕴，使受教育者实现生命意义，绽放生命的光彩。

（二）对自由的追求

自由是个体在实践活动中所体现的真、善、美统一的自在自为的身心状态。追求自由的个体将其生命真情地投入生活之中，绝不是为了简单欲望的满足或是短暂的快乐，而应是在生产生活中满怀热爱地去获取智慧和探寻生命的

---

① 韦政通、刘蓉蓉：《我踏过的山河岁月——生命教育的创新与发展》，《湖南科技学院学报》，2015年第2期，第1页。

意义。追求自由是人固有的天性，人有追求自由的需要，在需要层次理论中人最高层次"自我实现"需要的满足能够使人获得真正的自由，充分享受到自由的生命体验。

对自由的追求是生命最大限度实现其根本特性的必然要求，也是生命追求美好生活的必然要求，体现了个体生命的自主性和能动性。随着教育的发生，人在追求自由的不同生命阶段将会越发的有力和纯粹。教育的本质是生命与生命之间真情地对话和交往，教育贯穿于人的一生。教育是基于生命、直面生命、为了生命，教育是通过生命进行的人类生命的事业。

因此，高等职业教育作为教育的一种类型，必须遵循个体生命的根本特性，尊重个体生命的无限可能，促进生命对自由的追求和实现。高等职业教育必须从个体的生命出发，关注生命与生俱来的个性特点，以促进个体生命追求自由为旨趣，引导学生体验生存状态，享受生命的快乐和生活的乐趣，在高等职业教育中展现个体生命的价值和生命的意义。高等职业教育必须促进学生个体生命的健康发展，帮助个体生命内在与外在的紧张关系得以缓解，实现身体与心灵、生命与环境、自我与他者的和谐共生。

第二节 高等职业教育价值认同的内容维度

构建理想的高等职业教育价值认同，要求教师对高等职业教育有一个清晰地理解。如何理解高等职业教育，对于高等职业教育及其价值选择都起着导向作用，直接影响着高等职业教育价值认同的结果。荷兰的格特·比斯塔提出，教育在三个领域中发挥着功能，分别是资格化、主体化和社会化。[①] 比斯塔对教育功能领域的划分，对强调职业资格的职业教育来说，具有较强的适切性。基于此，笔者从高等职业教育的职业资格、本体价值、社会价值三个维度来重新理解高等职业教育。

一、职业资格

比斯塔对教育提出了资格化功能，这一观点和笔者的研究有着密切的关

---

① 格特·比斯塔：《教育的美丽风险》，赵康译，北京师范大学出版社，2018年。

系，高等职业教育中学生的学习过程就是职业资格获得的过程，包括以下几个方面的内容：高等职业教育具有职业属性，高等职业教育中的职业资格是有依据标准的，高等职业教育学生职业资格获得的过程是一个基于认知的技能积累的过程。

（一）高等职业教育的职业属性

高等职业教育围绕"职业"这一核心概念，集中体现了高等职业教育的职业属性。这一属性包括以下几方面的基本含义。首先，社会中的任何劳动都以职业的形式进行划分，也就是说职业规范了社会劳动的内容维度。其次，高等职业教育中的职业，不是指学科体系中的学科，更不是学科体系中的专业，这里的职业还是社会劳动中的职业。基于此，高等职业教育的教学内容设计应该围绕职业展开。最后，既然职业来源于社会劳动和劳动岗位，那么社会劳动和劳动岗位的职责要求就是高等职业教育标准制定的依据。对于社会中存在的职业群和岗位群的认识和分析，是科学制定高等职业教育各类标准的主要参考依据。社会劳动和劳动岗位所需的知识、素养和能力构成了高等职业教育的教育内容和教育目标。这表明，高等职业教育的教育教学从本源上是与社会职业紧密相关的，并非来自学科体系的专业分类和知识分类。

高等职业教育的职业属性与社会劳动的相关性，使人们对高等职业教育中的职业和社会劳动中的职业加以区分。职业劳动是以"社会职业"的形式展开的，而高等职业教育则是以"教育职业"的形式展开的。这里的教育职业是从知识传递的角度出发，对从事社会职业所需的职业资格施以集约性结构化的学业门类。社会职业是用于个体就业谋生的职业，而教育职业则是用于教育教学的职业。虽然教育职业源于社会职业，但是教育职业又高于社会职业。一个教育职业涉及多个学科、多个专业领域的知识，教育职业重点关注的不是知识的理论深度，而是将跨学科和跨专业的知识综合应用于从业实践中。这就是高等职业教育职业属性的本质所在。

从专业科学的角度来讲，专业是一个独特的学科知识结构，专业科学关注理论知识构成要素，包括范畴、结构、内容、方法、组织及理论的历史发展等诸多领域。而从职业科学的角度来讲，职业是一个具有自身特点的工作过程，职业科学关注的是工作过程构成的要素，主要包括工作方式、内容、组织及工具的历史发展等诸多领域。而这些要素就构成了高等职业教育的教育教学内容，为高等职业教育发展开辟了一条不同于普通高等教育的新路径。

在高等职业教育的范畴中，专业和职业密不可分，高等职业教育的职业属性是对二者关系的高度概括。高等职业教育的基本属性包括教育性和职业性，二者构成了高等职业教育的基本特性。职业性是高等职业教育区别于普通高等教育的最本质的特征，也是高等职业教育生存与发展的最基本的基础。

（二）职业资格等级的技术标准

职业资格是从业者的技术活动能力资格。社会职业按照不同的职业类型制定了职业技能标准和社会劳动中的职业资格，并通过职业资格证书制度进行规范。也就是说，社会职业有明确的分类，并建立了职业资格证书制度。社会职业可以按照职业大类、中类、小类及职业类别进行结构型分析和区分。

从实践哲学的视角来看，社会职业是教育职业的社会实践，具体包含物质生产实践和精神生产实践两个方面。社会职业源于生产劳动，社会职业的出现标志着人的生产劳动进入一个高级阶段。专业化的职业是指其从业者在某种程度上享有确定和控制工作标准的自主权的职业。这里的专业化可以理解为以下三个方面：首先，职业的内在维度中包括其技术含量，这里的技术含量与生产劳动中的工作标准是一致的，可以直接体现在高等职业教育之中；其次，政府或行业协会掌握了市场准入及工作标准的控制权；最后，职业资格制度是对专业化程度进行定义、组织和评估工作质量的机制。

职业资格是专业化的技术实践能力的表征。职业资格包括从业资格和执业资格。职业的专业化和技术化是职业资格形成的前提。随着经济水平和科学技术水平的迅速发展，劳动时间和劳动力的消耗不再单一地决定现实财富创造的多少，科学技术发展水平和发展速度影响着现实财富的创造。技术原理知识是劳动生产中的重要科学知识，将技术原理知识进行产业转化，是提高社会生产效率的主要途径。职业资格反映了社会生产过程的普遍技术，同时反映了专业学科下的技术原理知识，在普遍技术和原理知识的共同影响下形成了职业资格的标准，在社会生产效率不断提高的时代背景下，成为识别劳动者能力的重要参数。

职业资格是个体职业能力的表征。职业资格等级的制定源于同一职业不同层次阶段对职业能力的具体要求，体现了职业等级对能力的要求。个体获得职业资格表示已经具备从事这个职业所要求的职业素养、职业知识和职业能力，职业资格是一种官方认可，可以突破企业的边界，使个体的广阔发展成为一种可能。职业资格包含了个体掌握技术活动的所有要素，客观表征了个体职业范畴内技术实践能力。

一般而言，社会职业都有自己独特的发展通道，这个通道为个体职业生涯发展指明了方向,明确了目标,提供了蓝图。在职业递进通道的不同阶段,个体的职业能力呈现差异性,为表征这种差异性产生了职业资格的等级。个体生命一般需要经过更多或更长的职业技能训练和职业经验积累,争取在某个职业通道内取得更高层次的发展机会,以实现个体职业生涯规划和自我价值。职业资格为这种职业递进模式提供了一个具体的参考标准,使职业技术活动的抽象性和负责性转变为具体和清晰的要求,用以衡量个体掌握和驾驭技术活动的实践能力和实践水平,同时为个体职业生涯发展提供了更为可靠的依据。

(三)基于认知的职业技能积累

关于专业技能积累有两个不同的取向,即认知取向和行为取向,这两个取向各有优势。在高等职业教育中,必须超越认知取向和行为取向的局限,转向二者共同的理论基础——具身认知理论。目前,关于具身认知存在六种具有代表性的观点:第一种观点认为,认知是情境化的,发生在现实世界中;第二种观点认为,认知是实时的,具有时间的压力;第三种观点认为,环境可以帮助人们储存认知信息,在人们需要时供人们使用;第四种观点认为,环境是认知系统的一个部分,认知系统可以扩展到包括身体在内的整个环境;第五种观点认为,认知是行动的基础,认知的根本目的是指导行为;第六种观点认为,离线认知是以身体为基础的,即使是在脱离具体环境的条件下,认知仍受到一定的身体机制的约束。这六种理论观点存在一定的差异性,甚至存在一定的冲突,但是它们之间存在一个基本的共识,即认知是一个复杂的系统,不是简单的封闭的大脑,由于神经系统、身体和环境是不断变化和相互作用的,因此认知系统是三者统一的系统。

具身认知是心理学中一个新兴的科学理论,对原有的认知主义和行为主义进行了整合。认知主义强调心智、大脑、运算和信息加工等内在心理过程,而行为主义强调行为动作、反应反馈等外在身体表征。具身认知既体现了认知主义的内在心理过程,又体现了行为主义的外在身体表征。它从人的认知发展的整体来进行全面的评估分析,把原有认知遗忘或忽视的要素统筹进来,站在一个全新的视角上审视人的认知发展。认知理论强调身体在认知和技能形成中的作用,学生可以通过身体体验进行思考、建构和创造。人的身体中流动的生命力经常会激发出巨大的力量,不断推动人的生产活动和创作实践。生命的欲望创造了世界,生命的力量生产了现实。欲望和力量二者之间是通过身体得以连接和互动,使身体成为一股活跃且不断升腾的生产力。

基于此,高等职业教育的职业性强调学生在学习过程中其认知、身体、环境三者之间建立起内在联系,强调学生的行为和认知需要通过身体与环境的互动最终实现统一。对于生命体而言,许多生物的认知能力不仅仅是生命体通过脑部神经中枢传递而生成的,而是生命体自我建构并介入世界,成为世界存在的一部分,将整个生命体的具身状态作为广泛系统的一部分来实现的。从具身认知的视角出发,高等职业教育在引导学生对职业技能进行理解认知和行为时,应该以具身系统的动态互动为基点,将具身系统置于学生所在的现实世界中,并与之产生互动联系。

因此,高等职业教育中职业技能积累是基于实践环境的具有求知欲望的学生通过身体寻找问题、分析问题和解决问题的一个探索过程。高等职业教育的教育性和职业性是等值融通的,是高等职业教育最根本的两个性质,也是最坚实的基础。从哲学意义上讲,具身认知取向是主客体的融合。高等职业教育的职业技能是在特定的技术情境中,学生主体对象自我化与自我对象化的结果。因此,高等职业教育中技能积累仍然是真正意义上的素质教育,"素质之素,本有也,内化了才本有了;素质之质,本在也,内在了才称之为质。素质教育当然特别关注一般外在知识的内化效果,内在结果。然而,也正是主客体融合才能获得这样的效果"[①]。高等职业教育的技能积累是把外在的技术知识与技术活动内化为学生自己的内在之质,从而成为一直处于生成之中的固有之物。

二、本体价值

高等职业教育传授蕴含着精神价值的职业知识和职业技能,使受教育者通过掌握职业知识和能力的活动,获得自尊心和自信心,成为能主宰自己命运的追求生命价值和尊严的人。人的尊严就是人的价值的实现,高等职业教育就是扩展人的价值。高等职业教育是引导学生掌握职业知识和职业能力的活动,引导缺乏职业能力的学生发展成为在某个职业岗位工作主体的活动,是引导学生成为面向未来职业生活主体的活动。

高等职业教育要始终坚持学生主体性的教育基本理念,引导学生发展为具有创造性、主体性、生存个性与职业认知的悟性、职业技能习得的协调性、职业素养的创生性有机结合的生命个体。高等职业教育的本体价值也在这个过程中得以表征,总体来讲,高等职业教育的本体价值可以概括为生存自我意识的

---

① 张楚廷:《素质教育是特别关注主客体融合的教育》,《中国教育学刊》,2007年第8期,第1~4页。

觉醒、发展职业能力的获得、体验工作价值的追求。

（一）生存自我意识的觉醒

人对世界认识的起点是人对自己的认识。不同的人对自己的认识是千差万别的，因此人的价值追求、生存方式和发展道路也存在很大的差异，人在处理与自然的关系，以及进行客观选择的态度和方式也是各不相同。追求生活的意义的这种主观意向性，并不能够确保人们一定能够寻找到真正的人生意义和人生境界。人们由于缺乏对有意义的生活的理解和判断，常常在追求有意义的生活之中迷失于虚假的生活意义和人生境界。因此，只有对生存境界与生活意义的澄清，才能够帮助人们对生命自觉准确的理解；只有通过这种澄清，真正地有意义的生活才会呈现，人们才会自觉地去追求人生意义，提高自己的人生境界。

人的价值体现于人生存的尊严，人的生存基于现实又超越现实。人的生存实践活动具有超越性，它既是人的生命理性与非理性的有机结合，也是以人的信念、信仰为其内在逻辑的。基于此，人的生存具有超越人的生存实践活动的向度。人在生存实践中天然地具有精神需要和精神追求，这种精神需要和精神追求的本质是现实中的人力求超越现实，克服现实困境，挣脱现实束缚，让身心获得解放和自由，让情感得到释放和升华。教育的意义在实践过程中得以实现，教育是形成有意义的人的实践，是引导人对生命价值的发现、挖掘、形成和提升。教育的最高价值追求和终极意义关怀是提高生命个体的主体性，教育的本质就是认识、形成和提升人的价值。

从某种意义上讲，教育要激起学生作为生命个体的自我存在意识，这是对学生生命和生活意义的自我意识的唤醒。英国哲学家怀特海曾提出像目录单一样的课程只能让学生掌握大量关于太阳的知识，遗憾的是学生始终看不到日落的光辉，体验不到生命的光芒。正因如此，教育的本质应该是生命个体在精神上的寻求，同样高等职业教育应注重个体旨趣，激发学生的学习兴趣和学习动机，引导学生主动参与到学习中去，从教育教学的活动中获得自己独特的体验，并将其内化为自己的知识和技能。从教育的终极意义上讲，高等职业教育的过程是生命个体自我塑造与自我建构的过程，学生必须通过自己的主动努力，积极地寻求变化，建构出全新的自己。因此，高等职业教育不是让学生被动地接受知识和技能，也不是将学生培养成具有既定标准的人，而是引导和鼓励学生积极地去探索和追随他们本身就特别感兴趣，或是他们认为特别重要的问题，引导并唤醒学生对生命和生活意义的追求。也就是说，高等职业教育的首要任务就是唤醒学生对生命和生活意义追求的自我意识，帮助学生能清晰地理解职业生活的各种样态。高等职业教育只有实现了对学生职业生活意义的引导，高等职业教育本身才能实现其最大价值和最大意义。

（二）发展职业能力的获得

生命个体职业能力的发展就是人的理性的体现，而人的尊严正是源自人的理性。人作为生命个体，本身就是其为人的目的，而不是被使用的手段或途径。每个生命的理性存在具有不可替代的绝对价值，人本身不是作为手段依附在其他目的之上的条件性价值。尽管如此，人的职业能力并不是针对确定的目标的实现，而是一种持续性生成、发现以及转化为现实，且持续不断地生成新的目标和新的追求的过程。

教育的目的是追求知识的不断积累和持续学习，高等职业教育的终极追求是生命个体对工作意义的建构和升华。教育强调个体的发展，教育的意义是为了实现学生的个性发展。当学生通过已有的知识和技能体验学习时，这种学习就是主动的，同时，学生将体验建构的知识和技能运用到现实生活和生产劳动的实践中。

高等职业教育的典型特点在于它是实践性教育，高等职业教育的活动空间不仅局限于传统课堂的学习，而且还可以延伸到社区、延伸到生产实践场域中。由于高等职业教育的教育教学场域得以拓展，享受教育的人在实际生活和教育实践中能够自我反思、自我体验和自我建构，人的个性以及知识和技能得以全面发展，而自我认同感、存在体验、自我价值等诸多被传统课堂教学中忽略或漠视的自我意识，逐步成为高等职业教育的重要内容。

（三）体验工作价值的追求

高等职业教育可以使学生尽可能早地理解自己未来可能从事的职业对社会的重大意义，从而引导学生形成职业自豪感和职业道德感，激发学生在工作中的主动性和创造性。工作的意义和价值是人通过自己的生存和生产活动创造出来的。自在的世界不能自发地满足人的需要，人的需要的满足必须通过人对世界改变的实践才能实现。人的需要的满足以及新的需要的产生促使人的生存自为地展开，同时人的需要也在人的自为的生产和生活中实现自为的价值。人的自为的生产和生活所创造的价值使世界成为有意义的世界，成为一个人生存于其中的有意义的活生生的世界。高等职业教育引导学生在工作中认识自己存在的意义和价值，并形成不同于他人的独特的具有创造性的工作方式。

随着科技的迅猛发展和产业结构的不断升级，现代职业需要人将知识与技能建立在原有知识基础之上进行思考与创新。创造性的知识既体现了知识本身的意义价值，又彰显了知识的工具价值，因此创造性知识的获得需要通过人的情感和体验的有机结合才能实现。高等职业教育是教师与学生的对话交流过程，高等职业教育的教师和学生都是这个过程的主体。只有实现和达到这样的高等职业教育，人才有可能实现互动学习，实现教师与学生之间、学生与学生之间的交流沟通、理解和合作。当然，在这个过程中最重要的是体验，体验生活、体验生命、体验反思、体验行动。高等职业教育一定要为学生提供一个适切的学习途径和学习氛围，让学生能够真正地、自由地进行探索和创造，引导学生有意识地选择、内化和建构适合自己的知识和技能，并将其应用到实际生产生活中。教师扮演的角色不是一个知识和技能的传授者，而是引导学生具备认识自身价值认同并检验这一价值认同的认知基础，针对某一个价值问题与学生对话，不断拓展学生看待事物的途径和方法，以帮助学生具有更加可靠的价值选择的能力。

三、社会价值

高等职业教育应该从主体出发，关注个体的职业发展，关注个体的生命意义，关注个体追求生活的意义。但是高等职业教育还存在着它固有的社会价值，高等职业教育以就业为导向，强调满足社会经济发展的需求。

（一）职业的社会学意义

从职业社会学的视角来看，个体生存于社会并通过很多载体予以呈现，职业就是其呈现的载体之一。从事某种职业的人所具备的职业资格是其自身工作能力的具体体现，具备职业资格的人在劳动力市场上依靠自身拥有的职业资格换取报酬，也是其最重要的工作动机。职业的划分不是依据学科专业分类归纳的，也不是技术性和功能性的工作要求的强制表述，而是人所具备的职业资格的供给与劳动力市场的需求互动并最终适应的结果，它是社会的政治利益与经济利益协调整合的综合表征。

职业资格为人在劳动力市场获得就业带来机遇，这促使劳动力供给者努力使自己职业资格的工作能力具有独特性。对于行业和企业来说，他们希望劳动力的供给者所具有的职业资格透明化和标准化。因此，职业是在相对稳定的专门化与标准化基础上建构职业资格的社会组织样态，职业也是社会分工的一种表征。然而，具备职业资格的人却陷入矛盾之中：一方面，职业的社会保障功能保障了劳动者在专门领域的垄断性以便其在劳动力市场具有竞争力；另一方面，职业的垄断性又使得劳动者难以进入职业之外的职业领域。随着科学技术的不断进步和产业结构的不断升级，具备职业资格的劳动力挣脱这种垄断性桎梏的趋势也会越来越明显。

（二）职业的教育学意义

从职业教育学的视角来看，职业是个体享受教育的结果。从事职业的劳动者所具备的职业资格，包括知识与经验、能力与技术、态度与行为等诸多方面，呈现出类别化、专门化和集成化的特点。这些职业资格的获取一般都需要一定时间的持续学习和训练为前提。

作为建立在以职业形式为就业导向的基础之上，同时关注人格发展的高等职业教育，不能仅仅针对专门化的职业资格或专业技能开展教育教学，应该更加重视贯穿个体生命过程的职业能力的发展，不能忽视个体人文素质等方面的教育教学。高等职业教育不仅仅是针对个体的社会融入的引导和促进，更重要的是对个体包括工作能力在内的自我的生命意义的建构。随着现代社会职业的不断发展，相邻职业资格的跨越，逐渐消解了终身职业，取而代之的是日益增多的职业变迁。这使得高等职业教育必须考虑社会发展的需求与个体发展的需求两个要素，高等职业教育的教学内容也需要更多地满足个体未来的职业发展需求，更多地指向学生职业能力的拓展与延伸。

从职业社会学的视角来看，高等职业教育引导个体发展，帮助个体获得职业素质、职业知识和职业能力，帮助其具备某种职业资格，以确保生命个体的社会生存；而从职业教育学的视角来看，个体通过高等职业教育在获取职业资格的过程中获得职业能力，并在此过程中促进自身的全面发展。因此，高等职业教育在确保职业的社会功能及促进社会公平的同时，还需要推进功利性就业向人本性就业跃迁，这就是教育对职业的意义，也是高等职业教育对社会进步的贡献。

（三）高等职业教育的社会功能

高等职业教育的社会功能主要表征为满足社会需求，为社会提供直接创造价值的、高素质、高技能的劳动者和专门人才的教育。其一，高等职业教育是社会经济发展的需要。在一般情况下，一个国家的产业结构决定了该国的人才结构及相应的教育结构。当前我国正处于经济迅速发展时期，产业结构也在由原先的劳动密集型转向技术密集型，未来要向知识密集型方向发展。全球化经济的跨越为中国成为世界制造大国提供了良好的机遇，信息化的时代背景又进一步加快了工业化的步伐。基于此，在未来一定时期内，我国国民经济中占据主导地位的应该是制造业。中国主要的实体经济是制造业，制造业成为我国经济实力保障的重要组成部分。在此过程中，高等职业技术教育承担着重要责任，即培养社会经济发展所需的大批高素质、具备职业资格的劳动者。其二，高等职业教育促进社会就业。姜大源提出，对于职业而言，一方面，职业是个体所获取的从业资格与习得的工作经验的组合，职业也是个体与社会融合的一种载体；另一方面，职业是个体在社会中定位的一种媒介，也是个体与社会交往的一个空间。[①] 职业既是社会中的个体实现自身职业生涯发展的途径，同时也是个体张扬其个性、实现自我价值的重要平台。同时，职业是社会安全、稳定和谐的重要因素，职业劳动是一种特殊的社会组织形式，这种组织形式可以调节与控制社会环境的稳定与个人心理的稳定。随着经济增长方式的转变、产业结构不断升级等经济环境的变化带来的就业压力，信息化、工业化、大数据等迅猛发展带来的新增劳动力及所需职业资格，都转化为由此引发的职业培训压力。在此背景下，高等职业教育责无旁贷担起这份社会责任。

第三节　高等职业教育价值认同的理想目标

高等职业教育价值认同是高等职业教育的基本要素，决定着高等职业教育的实践活动。在教育实践中，教育活动如何开展，何者在教育的未来发展中获得优先权，哪种关系或者要素获得重视，哪些问题得到优先解决，受到参与这一教育活动的各方主体的价值选择的影响。高等职业教育的价值选择决定着不同主体之间的利益关系，决定着公共利益与私益、群体利益与个体利益、国家利益与区域利益等。价值选择影响并决定着社会活动决策的性质、方向、合法性、有效性和社会公正的程度。高等职业教育价值选择必须体现社会普遍的、不同群体共同的价值准则和标准。

---

① 姜大源：《职业教育要义》，北京师范大学出版社，2017年。

一、公平的原则

对于高等职业教育而言,公平贯穿于高等职业教育价值认同的始终。高等职业教育本身就肩负着实现教育公平,助力实现社会公平、正义的责任。随着高等职业教育规模和数量的迅速扩大和增长,高等职业教育一方面急需通过内涵建设提高教学质量和办学水平,另一方面要实现高等职业教育对公平的追求。树立公平的价值标准是实现高等职业教育公平的重要途径,要确保有充足的教育资源配置到高等职业教育发展之中,确保有更多的人能享受高等职业教育,享受到优质的高等职业教育,让社会民众自觉主动地选择高等职业教育,让用人单位自觉参与到高等职业教育的实践中来。

(一)公平是高等职业教育价值的逻辑起点

在伦理学范畴内,公平与公道、公正、正义等范畴具有相近的含义,它代表了一种价值判断。根据内容的不同,公平可以划分为社会公平、经济公平、法律公平、教育公平等不同的类型,其中社会公平是最根本最核心的问题,其他形式的公平都是基于社会公平而展开的。以公平为原则,构建符合社会伦理道德的理想的社会公平,具体体现在机会平等、利益分配平等结果上,从而构建人们向往的公平社会。合理的社会资源分配是社会公平的基本内涵。合理的社会资源分配源于人们达成共识的一般的价值标准,这种标准是具有客观公正性的,同时也表现为某一阶级或群体的价值标准和主观判断,是客观公正性和主观认同性的统一。因此,社会公平的基本内涵既包括主观上的价值标准,以及社会群体的主观认知、情感体验和价值共识,也包括财富、机会、权利等社会资源合理性分配的某一社会客观现象,社会公平是协同社会各种利益关系的价值标准。理想的高等职业教育价值认同的实现,必须以坚持公平理念为原则,将公平作为整合多元主体利益的逻辑起点,从而实现高等职业教育价值认同主体的利益统一。

以公平价值理念为指导的高等职业教育价值选择,具体表现在高等职业教育价值选择的机会、过程和结果三个阶段的公平,体现为全体社会成员都可以自由平等进行高等职业教育价值选择,都可以成为高等职业教育价值认同的主体。高等职业教育价值选择的机会公平是指人们都有进行高等职业教育价值选择的平等机会的权利,具体表现为个体公平、自主性的选择,基于公平理念下受教育者享受的资助。高等职业教育价值选择的过程公平是指在高等职业教育价值选择的过程中，基于公平的理念，每一个社会成员都可以在高等职业教育价值选择中提出自己的利益诉求，以保障高等职业教育价值选择能够充分考虑每一个社会成员的真实想法。高等职业教育价值选择的结果公平是指高等职业教价值认同能代表社会成员的整体利益，保障每个受教育者都能根据自己的旨趣获得个体知识的积累和技能的提升，从而享有平等的条件、机会和资源进入工作岗位。高等职业教育价值选择的机会公平是高等职业教育公平的基本前提，结果公平是高等职业教育教育公平的最终表征，使得高等职业教育的发展能够实现个体根据自身旨趣，获得自由的发展的机会。

以公平价值理念为指导的高等职业教育价值选择，要求在高等职业教育多元主体的背景下，探求不同利益群体的不同价值选择的标准。要实现价值标准的整合，必须兼顾不同群体的根本利益。高等职业教育价值认同是在多元主体的利益冲突和利益矛盾的基础上，以公平价值理念指导、协调、整合多元主体的不同利益诉求，实现公平的利益整合和公平的国家利益。

（二）公平是高等职业教育价值的本来意义

很多人将社会精英片面地理解为社会生活的主体，其实全体社会民众才是社会生活真正的主体。高等职业教育是面向全体社会民众的教育，是促进全体社会民众发展的教育类型。高等职业教育在促进社会发展的同时，也在促进社会中个体的全面发展与提升。从某种程度上讲，高等职业教育的迅猛发展是基于社会经济的快速发展与科学技术的不断革新综合作用的结果。高等职业教育在满足经济和技术的发展带来对掌握知识技能、适应社会人才需求的同时，形成了高等职业教育的价值追求。高等职业教育是全民教育的重要组成部分，保障了教育资源不足导致学习成绩不理想的求学者有继续受教育的机会，高等职业教育为其提供从事某一项职业的能力，从而促进人的生命的全面发展与提升。

职业教育应该是人的整体教育的一个重要组成部分，职业教育的目的是帮助社会所有群体都能入学，职业教育为全民提供了终身学习的机会。高等职业教育是促进社会稳定、个体生存与发展的教育。高等职业教育为解决劳动者就业提供获得职业资格的机会，促进了劳动者知识、能力和素质的提高，促进了个体的全面发展和高质量就业，提供个体未来生存生活的基本条件。同时也提高了个体的职业素质、职业知识和职业能力，为个体发展、高质量就业起到了重要的作用。高等职业教育肩负着帮助享受高等职业教育的人达到社会职业需要的要求和标准，帮助受教育者获得社会生产生活所需的知识和能力，以促进社会发展、维护社会稳定。高等职业教育价值在教育活动和社会实践中得到充分体现。教育思想家黄炎培也曾将职业教育与个人的生存联系起来，明确提出职业教育的目的就是谋求个性的发展。职业教育要求运用教育的方法，引导和帮助每一个受教育者获得社会生活的乐趣，同时为群体尽义务。从社会分层的视角来看，社会中每一个成员都可能在其原有层级的基础上向上一层级提升，但是越向上越狭窄的金字塔形的社会分层结构使得高层的位置十分有限，高等职业教育为社会个体提供了社会生活的保障，提供了个体社会化的保障。

高等职业教育已逐步迈向纵向衔接和横向贯通的教育体系，最终会形成终身教育的发展趋势。在以往的发展过程中，高等职业教育更多地呈现与其他教育形式割裂的教育类型。高等职业教育依据某个职业的职业资格要求设置教学内容，导致高等职业教育专门性极强，育人方向明确但狭窄。随着现代经济和科技的迅速发展，职业流动和职业技能的更新不断提速，为适应经济和科技带来的变化，高等职业教育必须具有更强的适应性和发展性，为受教育者提供职业生涯中的职业能力，激发和引导受教育者的自我学习能力和知识迁移能力。为更好地适应经济和科技对人才的需求，高等职业教育将会朝着综合化和复合型发展，成为终身教育的重要组成部分。在终身教育思想的影响下，高等职业教育中生命的存在意义被深刻地体现，高等职业教育以学生的全面发展为目的。高等职业教育不再是为社会服务、为经济服务、为职业服务的工具和途径，高等职业教育本体价值应该被发展和延伸。

（三）公平是高等职业教育价值的终极追求

公平作为评价教育取向的重要价值标准，决定了高等职业教育价值的终极追求就是依据个体天赋，提供其享受高等职业教育的机会，获得生活的职业资格，促进人的全面发展，实现教育公平。

在高等教育大众化和促进教育公平的背景下，首先就是要保障每个公民都能获得享受高等教育的权利和机会，教育的内容对社会发展和个体发展都具有现实的价值和意义，能够保障个体通过享受教育获得社会生产生活的能力，以便融入社会生活之中，从而促进社会发展和个人发展。从社会分层的视角来看，个体可以通过后天的努力进入更高级别的社会层级中，其中也包括提高自身的受教育程度。但是不得不承认的是原生家庭的文化、经济收入水平等诸多方面都会对个体未来发展造成重要的影响。根据现实考察发现，接受高等职业教育的学生大多来自乡镇，父母学历水平较低，家庭年收入不高。个体在社会结构中复杂因素的制约下，个体发展需求存在差异。因此，高等职业教育要确保社会任何一种类型的教育都能依据受教育者个人的天赋、机会与机遇的不同，提供适合个体发展的教育，满足个体的学习需要。

综上所述，从高等职业教育的现实情况出发，以公平价值理念为指引，重新定位高等职业教育的本质内涵和终极追求，找到高等职业教育价值认同的逻辑起点和最终目标，唤醒全体社会成员对高等职业教育的重新认识和理解，并以此为出发点建构高等职业教育价值认同。根据政府和社会民众理解高等职业教育价值之间的矛盾，结合不同利益主体博弈的策略空间，分析和反思高等职业教育本身所具有的公平理念内涵，各利益主体以实现公平为发展目标，构建理想的高等职业教育价值认同。

二、公共利益与私益的统一

以公平理念为指导的高等职业教育价值选择，要求不同利益主体以维护公共利益为原则，并贯穿始终，具体包括政府通过强制力维护公共利益并保障公共利益的实现，市场中企业通过获取私益以实现公共利益，以及通过第三方组织的定位重新审视高等职业教育价值选择。

（一）公平理念下政府追求公共利益

政府是国家公共利益的代言人，政府可以借助的行政权力具有公共属性。政府可以界定公共利益的范畴，以明确公共利益的边界。政府可以制定行使行政权力的规范，帮助社会中每个成员都受益，从而实现社会公共利益最大化。政府在实现公共利益的过程中，会受到公共利益、组织利益和个体利益三种不同利益的影响和制约，同时也会受到社会成本和社会收益的影响和制约，从而导致政府主体陷入不同利益之间的冲突和矛盾之中。政府必须以公平的价值理念，严格规范行政权力，保障公共利益的最大化。

高等职业教育具有实现社会公平和促进人人平等发展的特殊价值，必须面向全体社会成员。追求不同主体对高等职业教育价值认同，就是追求公共利益，政府必须承担起高等职业教育发展和价值选择的职责。由于政府资源的有限性，高等职业教育资源配置存在一些问题，所以政府必须坚持以公平理念为指导思想，避免资源配置不到位，在高等职业教育资源的配置过程中实现最优配置。

社会公平是社会和谐的重要保障和基本前提，社会公平是影响民生的重要因素。因此，以公平理念为指导的高等职业教育价值认同成为影响社会和谐的重要因素。从公共利益分配的本质来说，以公平理念为指导的高等职业教育是通过政府对资源配置、制度制定及执行，协调主体之间利益关系，以更充分的教育资源满足高等职业教育发展需要，保障社会发展和个人发展。这种公平理念对政府和社会民众提出要求，政府主体要科学合理地作出决策，社会民众也要以主体身份积极参与到决策、实施和监督中来。高等职业教育价值选择不仅关乎国家，而且关乎社会的进步和个体的发展，必须调动社会全体成员，也可以借助第三方组织在以追求公共利益为原则的高等职业教育价值选择中发挥作用。

（二）通过以私益为目的的市场实现公共利益

不同主体在高等职业教育价值选择中要形成共同意识，必须消除主体间的利益冲突。政府在使用权力维护公共利益的过程中，会出现"政府失灵"等现象，出现这种现象的主要原因包括三种情况：首先，政府维护公共利益的同时，可能出现政府官员或政府自身追求私利的动机，比如在民主选举官员的过程中，无论是候选人还是选举人，都会受到追求个体利益、区域利益、部门利益等诸多利益的影响。其次，政府组织内部会出现人浮于事、机构臃肿等现象，这会导致高等职业教育资源配置的效率低与不合理。最后，各级地方政府存在自由裁量权的滥用，不健全的外部监督机制以及不完善的问责机制是滥用职权的主要原因。以上问题都会造成高等职业教育价值选择的政府失灵。

从政府失灵的界定和分析中可以清晰地看到，公共利益的实现是由政府来决定还是由市场来决定，关键在于谁来决定以及怎么决定更能符合公众的利益。一方面，政府是社会公共利益的代表，在没有政府干预的情况下，可能会出现过度的个人自由活动，从而损害社会公共利益。另一方面，在政府干预的情况下，可能会出现滥用行政权力的现象，导致社会经济效益降低。以上政府失灵和市场失灵的两种现象都不利于维护和实现社会公共利益最大化，因此，必须处理好政府与市场的关系，探索解决政府失灵和市场失灵两种现象的途径。

我国高等职业教育价值选择由政府代表公共利益负责承担，但不是说完全由政府进行选择，这会导致高等职业教育行政化的倾向。高等职业教育依靠政府通过权力实现公共利益的维护，同时还需要根据社会劳动力市场对人才的需求进行判断。所以在高等职业教育资源配置、制度制定以及教育价值认同的选择等各个方面，都应该处于政府制度化管理与市场自主化两者的博弈。政府制定管理制度，建立相关供给机制，但是不能忽视或误判市场反馈信息和市场的接受度。市场是逐利性的，同时市场反应是高效率的。因此，在政府的宏观调控和管理下，市场运行机制将资源配置实现最优化，从而实现主体在对私益追求的同时实现公共利益。

强调校企融合、工学结合的高等职业教育，不能单一地依赖于政府的资源供给，必须在政府宏观管理下通过市场自主化的运行机制，完善和健全相关法律制度，增强法律制度对市场的约束力。政府通过减免企业税收、提供政府补贴等方式，充分激发企业参与高等职业教育办学的积极性，不断提升和优化高等职业教育资源的配置水平和配置效率，促进私益与公共利益相结合，实现公共利益最大化的目标。

（三）第三方组织助力实现公共利益

"三元结构理论"认为社会可以从供给的角度，将其划分为三种类型的组织，即非营利组织、营利组织和政府。非营利组织属于第三方组织，第三方组织能够突破市场失灵局限性，改变政府失灵僵局，从供给的角度充分发挥协调作用，有效提供准公共物品，实现供给效率最大化。第三方组织既要消除市场失灵和政府失灵的影响、束缚，处于政府和市场之间，又要满足社会民众多样化需要。

高等职业教育属于准公共物品，供给部门应该属于"非营利部门"，也就是第三方组织。这对高等职业教育价值的选择主体、选择过程和选择结果都具有重要意义。高等职业教育促进社会经济发展，促进和维护社会稳定，因此，高等职业教育的政治价值和经济价值表现较为明显和突出。"三元结构理论"为我们提供了高等职业教育价值选择的全新视角。高等职业教育供给主体定位为非营利组织，突破了原有的政府与市场的局限，将高等职业教育与政治和经济分开，不去强调高等职业教育的政治和经济价值，重点突出高等职业教育的公共属性。一方面，高等职业教育的公共属性要求政府和市场从公共利益以及效率的角度对高等职业教育价值选择共同发挥作用；另一方面要求必须在满足多样化需求的基础上进行集体选择以实现利益统一，使政治决策者的意志与社会个体的意志达成共识，社会公众的利益诉求获得满足。社会中其他形式的第三方组织，包括各类行业协会、公益组织等团体，也可以积极参与到高等职业教育价值选择中来，发挥多方作用协助解决政府失灵和市场失灵的现实困境。

高等职业教育属于准公共物品，这一定位要求高等职业教育必须消除和突破市场失灵的局限、束缚，防止破坏社会公平和出现两极分化。这就要求政府处于主导地位，在供给机制等方面进行宏观调控和宏观管理。因此，高等职业教育以公平为原则，以实现公共利益最大化为目标，处理好政府与市场之间的关系。政府不强制管理高等职业教育供给机构，也不盲目放任高等职业教育完全自主发展，从而实现高等职业教育价值的最优选择。从利益分配的角度来看，政府掌握着优质资源，政府对高等职业教育供给的过程，是不同利益主体间的利益整合的过程。在此过程中政府以公平理念为价值标准，维护和促进社会的和谐稳定，促进社会整体发展，从而形成高等职业教育价值选择的理论基础。

三、价值与利益的整合

高等职业教育价值认同决定了社会成员享受教育相关利益和资源的配置。在高等职业教育价值选择以及开展教育的过程中，政府、学校、用人单位等各利益主体从资源的稀缺性及自身利益最大化的角度出发，会保留符合自身利益的诉求，搁置甚至抵制不符合自身利益的诉求。高等职业教育价值选择是从观念到行为再到制度的实现利益分配的过程，要保障高等职业教育价值认同代表社会整体的公共利益，必须以公平理念为指导思想开展高等职业教育价值选择，避免价值观念被歪曲和抵制，形成社会民众对高等职业教育价值选择的共同意识。

（一）价值与利益的关系

价值是客体对主体某种需要的满足、接近或一致，且价值产生于主体的认识活动和实践活动中。也就是说，价值是主客体关系的一种内容，这种内容是客体是否满足主体的需要，是否同主体相一致。价值来源于人的认识活动和实践活动之中，因此主客观因素会影响价值，价值是一个范围值，不是一个具体特定值。

利益是一个社会学名词，是指人类用来满足自身需要的一种物质或者精神，具体可以表征为金钱、权势、情感、荣誉、社会地位等带来的愉快体验，但凡是能满足自身需要的事物，都可以称为利益。换句话说，利益代表了主体的希望和要求，是满足主体需要的事物，也是主体与客体之间的一种关系，是对主体有意义和有价值的物质或精神。

从以上内涵可以看出，价值主要强调的是事物的属性，表征了一种属性的存在，同时价值是事物对主体需要的一种特定关系，属于关系范畴。利益主要突出的是客体对主体的存在和发展的一种积极关系，利益是主体需要的满足的直接反映，表征为对这种价值属性的占有。从它们内涵的对比来看，关于事物的价值其实就是对事物属性的一种描述，但是事物的价值对于特定的主体而言，如果没有需要则不一定会产生利益，这体现了价值与利益之间的关系。

（二）高等职业教育价值与各主体的利益诉求

某个事物的价值是多方面的，可以满足多元主体的不同需要，但是利益则是由事物的某方面价值与确定的主体所产生的，价值和利益之间可以相互转化。需要是主体对事物价值关系的主观认识，需要的满足与价值关系的实现具有一致性，主体对价值关系的认识也可以转化为主体的需要。当主体需要被满足时，价值关系转化为利益关系，主体对事物利益关系的认识也可以转化为主体对利益的需要。

价值和利益的主体可以是个人、组织或社会。根据不同的主体，价值和利益也会有所不同。高等职业教育价值选择过程体现了利益的追求和利益分配，高等职业教育价值选择的内在驱动力是主体对利益的追求，高等职业教育价值选择过程就是不同主体之间基于利益计算而进行的利益博弈过程。在高等职业教育价值选择的实践活动过程中，由于主体的不同，各自追求的利益也有所不同，从而会产生基于利益的矛盾和冲突；由于主体的不同，对事物属性的认识和理解会有所不同，不同主体的价值关系是否能转化为利益关系就会产生偏差，从而导致不同主体之间产生价值冲突。在高等职业教育价值选择的过程中，政府、学校、用人单位、学生各自需要的不同，对高等职业教育的价值认识就会产生差别，不同主体对价值关系的转化存在一定差异，从而导致不同主体出现不同驱动力和不同行为。

高等职业教育价值属性反映着实在对象的实体范畴的有用性，也反映高等职业教育作为客体属性和主体需要之间的满足关系。根据教育价值分类，高等职业教育具有工具价值和本体价值，但由于主体需求不同，对高等职业教育价值的理解就会产生很大的差异。教育的本质就是对人的发展，无论哪种教育类型都是提升人处理和使用智慧的过程，不同类型的教育在人的发展方面不存在等级之分，不存在高低贵贱之分。现实中，高等职业教育存在被边缘化的现象，说明高等职业教育价值选择的主体存在消极的行为因素。这充分反映了不同利益主体在高等职业教育价值选择过程中存在较大的差异。高等职业教育价值认同的实现，取决于价值选择过程中对高等职业教育价值选择的认可以及价值选择实现的有效性。这种价值选择是否符合各主体的利益需要以及价值追求，其重点和难点是各利益主体观念中的价值选择与教育价值选择的一致性及在教育实践中的规范性。高等职业教育价值选择在自身价值判断的基础上，蕴含着决策者对于调节利益关系的追求和偏好。不同主体对于高等职业教育价值选择结果是否认可、顺从，是否从行为上认可和接受，则具有或然性，只有符合本身需要和利益追求的价值选择才能被认同，否则就会被"价值过滤"选择搁置或抵制，高等职业教育价值认同就会出现偏差。

高等职业教育的价值特征由高等职业教育的定位决定，对高等职业教育定位不清和对高等职业教育价值的内涵理解不到位，都会影响高等职业教育价值选择的结果。以公平理念为指导思想的高等职业教育价值选择，在确保所有主体对高等职业教育价值的充分认识和理解前提下，避免不同主体对高等职业教育价值选择产生不同的价值认识，避免出现"价值过滤"。所以，基于公平理念的高等职业教育价值选择必须考虑消除各利益主体的"价值过滤"，还原高等职业教育中教育本真的价值存在。

（三）基于公平理念的价值最大化

以公平理念为指导思想的高等职业教育价值选择，消除各利益主体的"价值过滤"，需要特别强调两个方面的内容。首先，增强高等职业教育自身价值认识，确保高等职业教育的价值属性符合不同利益主体的需要，不同主体共同产生对高等职业教育价值的需要，以便高等职业教育的价值关系内化为不同利益主体的利益关系。其次，以社会整体认同的价值准则——公平原则，对各利益主体的需要进行规范，从而确保各利益主体的需要与社会整体的需要具有一致性，以实现个体、组织、社会和国家的需要的一致性，实现短期需要和长远发展需要的一致性。高等职业教育价值最大化的过程，从本质上讲就是各利益主体形成趋于一致的利益需要，进而达成利益共识和利益共同体的过程。

只有以符合各利益主体的需要为前提，才能实现高等职业教育价值的最大化。整合不同利益主体的价值需要是高等职业教育价值选择的基础，不能单纯地考虑政府的政治需要和社会经济发展的需要，否则就会导致其他利益主体对高等职业教育价值认同产生偏差。对于学生来说，应该加强高等职业教育对个体发展的价值和意义，降低个体接受高等职业教育的成本，提升个体接受高等职业教育后的收益。对于用人单位来说，如果高等职业教育培育的学生具有职业和岗位的任职资格，满足用人单位的需要，就能够在工作中为用人单位创造更大的价值，进一步促进和激发企业参与高等职业教育办学的积极性。政府要把高等职业教育发展纳入政绩考核的范畴，若符合政府的利益诉求，势必会在一定程度上激发政府关注教育本质、关注人的发展。对于高等职业院校来说，要实现利益最大化必须提升自身的核心竞争力、提升育人的质量和水平。实际上，高等职业教育价值最大化的过程，就是高等职业教育多元主体进行利益博弈和均衡的过程。

只有基于公平的价值理念，才能实现高等职业教育价值的最大化，这也是高等职业教育社会定位的起点。从启蒙时期开始，人们就开始尝试利用民主和法治的途径建立起对各利益主体的平衡机制，以维护社会成员平等、自由的权利，依据的就是公平的价值理念。随着社会文明的不断进步，利益主体逐渐获得平等地参与社会活动，并逐步获得明确表达利益诉求的权利。尽管如此，现实社会中仍然存在着公民身份、公民权利、公民民主参与的尴尬与困境，不同利益主体有着不同的利益追求，所处利益团体地位的不同，民主参与政治生活、公共生活的程度和力量也存在较大差异。

我国政府对教育和社会的管理方式也在逐步转变，社会个体的自由度和社会的自主性不断提升，促进了社会个体为实现自己的利益诉求而主动参与到高等职业教育价值的选择中。这表征着社会个体的利益诉求和需要意识引导着社会个体以某种方式投身于具有公共利益的活动中。不同利益主体通过积极参与公共活动来维护自身的权益，实际上是将个人和组织的利益公共化，通过参与和监督高等职业教育选择的过程而成为制约政府权力的社会力量，这深刻体现了个体的社会觉醒和社会重塑的重要性。高等职业教育价值选择有利于形成理想的高等职业教育认同，必须依靠社会民众的社会觉醒和社会重塑的力量来实现。

综上所述，在高等职业教育价值选择的过程中，要实现不同利益主体价值与利益的整合，一方面要进一步提升高等职业教育价值的属性，另一方面要坚持以公平理念为指导规范各利益主体的需求，从而形成共同的利益关系，达成利益共识，形成利益共同体。在此过程中，政府的行政权力、市场的运行机制、社会民众的民主参与都是必不可少的要素。

第六章 高等职业教育价值认同偏差的应对

前文对高等职业教育价值认同进行了理论建构,现实中高等职业教育面临着价值认同偏差的问题,迫使我们进一步探索更为详细和具体的实践路径。笔者通过梳理和分析国外三种具有代表性教育思想指导下的职业教育价值选择,发现其中的特点和规律,结合我国高等职业教育的实际情况,从观念、行为和制度三个文化层次提出中国高等职业教育价值认同的实践路径。

第一节 国外职业教育价值认同启示

总结国外典型教育观念下职业教育价值认同的实际情况,反思我国高等职业教育价值认同的偏差,探索我国理想的高等职业教育价值认同。笔者选择双元主体协同育人思想、新职业主义思想、人格完善思想三个典型的高等职业教育价值观念作为借鉴对象,主要是因为在双元主体协同育人思想指导下,德国职业教育理论研究在世界处于较高水平,德国职业教育的实践也是世界各国的学习榜样,人们认为德国职业教育代表了职业教育发展的正确轨道;在新职业主义思想指导下,美国的职业教育理论和职业教育实践切合了美国人的生存特点,其运行方式灵活多样,具有典型的本土化特点,形成独具特色的美国式职业教育发展模式;在人格完善思想指导下,日本作为人口众多而资源短缺的国家,同时经历第二次世界大战中经济的全面崩溃,在随后的几十年内迅速发展为世界经济强国,其职业教育对人的本真生存具有强大的唤醒力。

这三种职业教育思想在不同程度上反映出一个重要的趋势,即倡导学生本位,以生命发展为理念,关注学生个体成长,着眼于生命个体职业生涯的持续终身发展。① 总结这三种具有典型代表教育思想指导下的职业教育价值选择的情况，其根本目的绝不是简单地照搬他国经验，而是通过结合中国高等职业教育价值认同的实际困境，借鉴他国已经取得的成功经验，并在此基础上反思和探索我国高等职业教育应有的价值认同。

一、理解生命：双元主体协同育人思想

双元主体协同育人思想的典型代表是德国双元制。德国从20世纪60年代末70年代初开始着力发展高等职业教育，以满足社会发展和技术改革对高级技术人才的需要。1968年德国的《联邦共和国各州统一专科学校协定》中提到，在德国已有的中等技术教育基础上成立高等专科学校，以此提升技术教育培养人才的规格。② 随后，职业学院在德国逐渐建立并发展起来，德国高等职业教育体系主要由高等专科学校和职业学院两部分组成。德国高等职业教育被纳入主流教育，德国高等职业教育价值被世界各国认同，因此，德国高等职业教育的发展值得我们借鉴和反思。

第一，形成一种集体共识——育人不仅仅是学校的责任，也是社会共同的责任，社会全体成员都应该关注个体生命的成长。德国的企业对高等职业教育认识和理解较为深入，他们积极参与高等职业教育的办学，并积极承担高等职业教育主体的角色。他们认为这是企业对未来人力资源进行投资，为德国的未来育人，只有认真参与育人过程，未来才有适合企业发展的员工，享受高等职业教育的学生个体才能得以发展。为此，德国企业参与高等职业教育的积极性很高。在高等职业教育过程中，企业不赞同高等职业院校全部负责完成所有的教育任务，企业认为拥有先进的生产设施设备才方便开展教学任务。企业认为，经过企业培训的毕业生在完成学业后可以迅速适应企业的业务流程及其企业文化。此外，企业也积极参与高等职业院校的产学研，甚至在此过程中发挥主导作用，同时高等职业院校也切实需要将理论教学与企业的技能教学两者相结合起来。德国的有关法令规定，实施培训的企业对培训负有完全的法律责

---

① 朱泓、王丽华、芦风军：《回归个体本位：高职院校的主导价值》，《煤炭高等教育》，2010年第3期，第111～113页。

② 翟法礼：《德国高等职业教育发展模式概述》，《英才高职论坛》，2006年第2期，第18～20页。

任。① 在此背景下，德国企业从自身需求出发，积极参与到高等职业教育办学中，为高等职业教育学生提供技术技能的培训，企业自己决定培训内容和培训形式。企业积极参与高等职业教育的行为充分证明了高等职业教育不仅仅是学校的责任，也是企业的责任，甚至是社会全体成员的共同责任。

第二，用制度强化共同育人的共同意识，形成著名的双元制。双元制被称为德国职业教育的秘密武器，是德国职业教育的核心。双元制有效地运行促进和推动了德国职业教育的快速发展。首先，德国双元制是通过国家立法的，为职业教育提供了合法性基础，政府明确规定了职业教育实现校企协同育人，强调突出企业主体身份。其次，双元制为受教育者提供了在职业学校接受教育的平台，同时为受教育者提供了在企业接受职业培训的机会。1968年，《德国高等专科教育的发展协定》明确指出："职业学院是高等教育体系中的一个组成部分，承担培养技术型、应用型的高级'桥梁式'职业人才。"② 德国双元制的推行，将高等职业教育的育人责任主体合法化，明确指出高等职业教育的责任是高等职业院校和企业的共同责任，这种制度一方面规范了双元主体的责任；另一方面充分体现了德国以学生为本位，以生命发展为理念的教育理念，并有效转化为具体实施行为。

第三，以生命发展为理念的终身教育，保障高等职业教育本体价值的充分体现。德国职业教育的育人目标是受教育者毕业后具备技术技能直接上岗从事专业工作，同时具有知识和技能的延伸性。现在企业对专业工人素质的要求已经不仅是掌握专业技能，还看重他们对新知识、新技术快速学习和掌握的能力，对新环境能快速反应和适应的能力。德国高等职业教育注重引导学生掌握更宽泛的理论基础知识和实践技能，引导学生具有独立计划、独立思考、独立操作的能力，以及终身学习的意识和能力。此外，德国高等职业教育还注重关照和改善社会处境不利的群体的职业教育和职业继续教育，曾通过职业教育改革来提高妇女在职业教育中的比重，建立学习型社会，提倡终身学习。德国高等职业教育还强调个体生命的个性化，特别建立了有助于促进个性发展和促进天赋能力发展的高等职业教育，强调发展高等职业教育咨询。

---

① 朱斌、顾爱怡：《德国高等职业教育运行机制探析》，《合作经济与科技》，2009年第21期，第98~99页。
② 朱斌、顾爱怡：《德国高等职业教育运行机制探析》，《合作经济与科技》，2009年第21期，第98~99页。

二、发展生命：新职业主义思想

新职业主义思想产生并发展于美国。美国职业技术教育体系开创于1911年，20世纪60年代形成较为完善的职业技术教育系统。20世纪90年代，美国职业教育在新职业主义思想的影响下迅速发展。美国新职业主义思想强调，职业教育应该帮助学生获得从事新兴行业的技术技能、就业所需要的能力、转换岗位所需的技能、较高水平的学术能力，以及终身发展的机会等。基于新职业主义思想，美国通过职业教育改革，追求最优化解决教育存在的问题，最大化解决社会存在的问题，最终美国在职业教育实践中取得较好的成绩。

第一，注重帮助学生形成有利于个体"生命发展"的核心技能。美国劳工局在《关于2000年的报告》中明确提出，未来劳动者应该具备处理资源、处理人际关系、处理信息、系统地看待事物和运用技术等方面的核心技能。[①] 这里的核心技能着重强调受教育者在未来职业生涯发展中，任何可能的工作岗位都可能需要具备的一般素质和一般技能。美国职业教育在实施过程中，特别注意帮助学生获得沟通协作能力、管理和决策能力、处理危机的能力、自我管理和自我学习的能力等。在新职业主义思想的教育理念下，这些综合素质和综合能力的培育贯穿在美国职业教育实践活动中，贯穿在美国职业教育的每一个环节中，帮助受教育者获得工作能力、生存能力，促进个体的生命发展。

第二，注重将不同教育类型进行整合，拓宽学生教育通道，践行"生命发展"的教育理念。基于个体的生命发展，美国职业教育开始整合不同类型的教育，包括实现学术教育与职业教育的整合，实现中学课程与中学后教育课程的整合，实现学校与企业的整合，帮助学生获得工作岗位所需的技术和技能，及早了解企业的真实运行状况，同时促进学生学术水平的提高，为进入更高层次的教育打好基础和拓宽教育通道。

第三，新职业主义思想融入美国现代职业教育的实践中，切实有效地鼓励了企业、学校与社会之间的协同育人及和谐发展。新职业主义思想注重帮助学生掌握岗位所需的核心技术技能，帮助学生掌握职业生涯中继续发展的学习能力和反思能力，培养学生具有挑战能力、创造能力。新职业主义思想促进了学校与企业之间沟通协作，职业学校根据企业提供的行业标准和人才需求对学校的教育内容进行调整，学校教师可以到中小企业进行技术指导，企业员工也可

---

① 张家祥、钱景舫：《职业技术教育学》，华东师范大学出版社，2001年。

以进入学校课堂开展教学。此外,新职业主义思想从一定程度上提高了美国公民的综合素质和综合能力,提高了受教育者的职业能力和职业素质,促进了受教育者的生命发展和生命价值追求,促进和维护了美国社会稳定,推动了美国经济的快速发展。

三、尊重生命:人格完善思想

日本的人格教育思想贯穿于其教育体系中,包括职业教育在内。由于新媒体的迅速发展,人们可以简单地获得大量信息,主体的自我能动思维受到一定制约。同时随着社会管理水平的不断提高,造成了个体的规格化和定型化,一定程度上阻碍了个体的自我表现和自我实现。日本政府紧跟时代的步伐,从尊重生命出发,提出帮助学生成为具有国际意识的日本人。

第一,日本职业教育尊重生命的个体发展,提出了"人格完善"的教育思想。该教育思想强调职业教育应该尊重生命个体,尊重每个生命独特的个性,并引导个体完善其人格。日本职业教育在尊重生命个性的基础上,发展生命个性,促进生命个体的全面发展。长期以来,日本一直强调教育的文化功能,注重人格教育,在传统观念中,日本轻视教育的适用和经济功能。这种思想观念为日本职业教育尊重生命个体发展的教育价值提供了土壤。1947 年,日本颁布的《教育基本法》明确提出,教育的宗旨在于促进人格的全面发展,培养日本公民精神和发展健康体魄,追求真理和正义,尊重个人价值,崇尚劳动和责任心,具有和平国家和社会一员的积极态度。20 世纪 80 年代,日本颁布的教改文件再一次提出,"本次教育改革是根据《教育基本法》的精神提出的"。因此,"人格完善"的教育思想既体现了日本的传统思想和日本的传统文化,同时又创新性地强调了"以尊重个人尊严、创造出个性丰富的文化为目的","同时,还要努力培养国民继承传统文化、树立作为一个日本人应有的、对国际社会有所贡献的责任感"。[1]

第二,日本职业教育尊重生命个性,注重多元化质量评价。1987 年,在日本"临教审"的第三次审议报告中,明确提出以发展生命的创造性和尊重生命个性为教育根本思路,在日本职业教育评价中采用多元化的方式,多角度评价教育质量;强调生命具有独特性,每一个生命都有自己的特点,日本职业教

---

[1] 教育发展与政策研究中心:《发达国家教育改革的动向和趋势——美国、苏联、日本、法国、英国 1981—1986 年期间教育改革文件和报告选编》,人民教育出版社,1986 年。

育应尊重生命的个性特点，发现生命的某方面独特能力并给予积极的评价；提出日本职业教育要从传统思想中解放出来，教育不是获得高分数和获得学历的手段，职业教育就是要尊重生命个体差异；改革旧的职业教育制度，从尊重生命出发，建立终生教育体系，使评价主体多元化。

第三，日本职业教育尊重生命发展，将职业教育与其他类型教育融合发展。日本的义务教育阶段通过开设手工课程和劳动技能课程来促进学生的动手操作能力习得和职业观念的养成，帮助学生获得生活必需的基本技能。在中等教育阶段，普通高中通过开设职业科目的选修课，为不能升入普通高等教育的学生在高三后转入职业高中就读做准备，为他们提供足够的职业学科选修分；在中等专业学校和职业高中，学生需要进一步加强技能训练，同时开设文化课程的必修课，为他们将来升入高等职业院校或者直接就业打下坚实的文化基础。在高等教育阶段，高等职业教育加强专业理论的学习与研究，开展"产学合作"，同时加强理论的应用性研究，把科学技术转化为现实生产力。总之，日本在每个教育阶段都以尊重生命发展为中心，为生命个体的生产生活做准备，高等职业教育也不例外。

四、启示

通过对上述三种高等职业教育思想的梳理和分析，我们会发现它们之间存在许多共同特点。首先，每种高等职业教育思想所体现的价值选择都具有本土性。具体来讲，这三种思想指导下的职业教育价值选择，都立足于本国的历史文化传统，结合本国社会经济发展的实际情况，并从中发掘有利于职业教育发展的因素，形成该国的职业教育价值认同。德国基于对人的本性的深刻理解，提出德国职业教育的双元制；美国基于其多民族特征，提出职业教育追求自由和平等价值，有利于企业、学校与社会之间的协同育人和谐发展；日本基于完善人格思想提出培养学生具有创造力、个人的自由与尊严特征的职业教育。其次，每个国家的职业教育的价值选择都兼顾了教育的本体性和工具性。一方面，以上三种思想下的高等职业教育都是因为国家经济发展而发展起来了，同时在发展过程中充分体现了职业教育的工具价值。另一方面，当职业教育发展到一定时期，每个国家的职业教育的价值选择都走向了本体价值和工具价值的融合。最后，每种教育思想下的职业教育都注重生命个体的存在。三种思想毫无例外地提出促进生命发展的终身教育，教育内容包括职业技能教育、道德教育、价值教育等方面的深度融合，同时三种思想都打通了职业教育与普通教育的通道，为生命个体的发展搭建好平台，让学生在每个阶段都能体验到自己的尊严和价值。

从德国职业教育中关注的生命个体、美国职业教育中注重的民主和生命自由、日本职业教育中强调的人的尊严中，我们清晰地感觉到一种精神，一种贯彻职业教育始终的基本精神，即职业教育对生命的理解、发展、尊重。我国高等职业教育将如何唤醒人的价值尊严，高等职业教育如何获得应有的价值认同，接下来将进一步探讨。

第二节 "二元融合"的价值观念

教育价值的两种类型分别是本体价值和工具价值，高等职业教育是强调本体价值还是工具价值，代表了两种截然不同的教育观念。教育工具价值在社会建设和发展过程中发挥了重大作用，而个人仅仅是社会构件，对高等职业教育的价值认同不可避免，甚至具有社会本位的色彩。高等职业教育本体价值与工具价值的选择，主要是根据其产生与发展的历史阶段的特点与需要来确定的。尽管如此，高等职业教育作为教育的一种类型，具有教育自身的本质与特点，同时，必须具有发展人的本体价值，个体不只是社会的构件，更是具体的、生动的生命。因此，高等职业教育需要在为社会服务的工具价值与对生命个体关照的本体价值中求得二元融合。

一、强化本体价值

从我国高等职业教育价值认同的现实考察，高等职业教育作为社会事业的重要组成部分，肩负着服务社会、服务国家的历史使命。高等职业教育在发挥社会价值的同时，也应该注重其本体价值。现实中其对本体价值的关照微乎其微，本体价值并没有从真正意义上进入高等职业教育价值体系，没有发挥它应有的价值和意义。高等职业教育对生命个体的关照、发展人的理性、提高文化素养、陶冶人的情操和美感的本体价值被弱化，甚至是被忽略了。

高等职业教育主要肩负着建设国家、发展经济的重任，应该以社会本位为中心，充分发挥高等职业教育的工具价值。人的发展与社会的发展是同步的，高等职业教育作为教育的一种类型，除要推动社会前进外，更重要的是要促进人的全面发展。在社会更迭的历史发展过程中，高等职业教育的工具价值发挥了巨大作用，为人类进步做出了重大的贡献。但是历史的经验告诉我们，尽管高等职业教育的工具价值得到了充分发挥，但是社会民众对高等职业教育的工具价值表现为不认可和被动接受。这说明高等职业教育价值选择和价值发挥还不够合理、不够科学、不够全面。我们应该以史为镜，正确把握高等职业教育价值认同。在强调高等职业教育本体价值的过程中，要时刻避免人们异化或歪曲高等职业教育的本体价值，避免将人异化为工具人、经济人而使人丧失了情感、丧失了人本、崇尚物性等。在这样的时代背景下，需要学者对高等职业教育的价值，以及如何构建高等职业教育的价值进行深入探讨。

高等职业教育是一种创造性的教育实践活动，教育的终极关怀是人自身的发展，因此，高等职业教育创造性的活动也必将指向"人的价值"的创造与发展。在现实的教育实践中，教育对于人的价值的选择具有一定的多向性，高等职业教育也容易进入这种难以选择的状态。一方面，在高等职业教育本体价值的实现上，高等职业教育本体价值的弱化、对人关照的缺失较明显。另一方面，教育中的极端个人主义又可能使人处于精神迷失、虚无与孤独等风险之中，在高等职业教育强化本体价值的过程中，也要避免这种情况的出现。社会文化更迭的阶段性、层次性、复杂性，导致高等职业教育价值认同的多元化，高等职业教育价值认同存在的问题，就是高等职业教育价值认同上关照到人性和人的价值等问题。

关于教育价值问题，西方高等职业教育在参与和推进社会经济建设和发展的过程中，主要选择的是高等职业教育的工具价值，选择的是功利主义的价值导向，在西方国家科学技术和社会经济高速发展的同时，为人们带来了生命信仰的危机和精神家园的迷失，社会中的人逐渐变成一种工具，逐渐丢失了人原有的人性的本真。这些西方国家经历的历史事实启发着我们应进一步审慎和反思我国高等职业教育的本质内涵、价值选择。高等职业教育价值认同迫切需要走向本体价值，唤醒人性的本真，发展人的理性价值。

目前，我国正处于民族复兴、大力发展经济的历史时期，中国高等职业教育的价值被提到了国家的战略高度，这是中国高等职业教育价值认同的结果，高等职业教育价值的选择具有其时代背景且至关重要。从高等职业教育价值认同的发展历程来看，社会大众主要认可高等职业教育的工具价值，因此，高等职业教育在历史发展中主要充当了社会更迭、经济建设的工具角色。如今在关照人全面发展的教育环境下，高等职业教育价值认同如何转向，需要相关主体的多方关照和进一步探讨。

二、保持工具价值

高等职业教育在推动社会经济建设和发展等很多方面都发挥了巨大的作用。在新时代背景下，我国高等职业教育的工具价值已经被人们逐步地认识、理解和重视。在"两个一百年"奋斗目标实现的过程中，高等职业教育发挥着不可替代的作用。在第一个一百年奋斗目标实现的过程中，高等职业教育为全面建成小康社会，培养了大批社会科技发展需要的技能型人才，那么在第二个一百年奋斗目标实现的过程中，高等职业教育也必将为建成富强、民主、文明、和谐的社会主义现代化国家，赢得中华民族更加繁荣昌盛和实现中国梦发挥重要作用，成为一种不可或缺的教育类型。高等职业教育在我国社会经济建设中，已经从边缘走向了中心，充分发挥其工具价值的同时，也必将在未来的国家经济建设中做出突出贡献。

高等职业教育在为社会培养所需人才和技术创新等方面有着不可推卸的责任，社会民众也对其给予很高的期待。高等职业院校如同其他社会组织一样，都肩负着服务社会的重任。目前我国很多方面都处于高速发展阶段，《中国制造2025》等经济发展目标的实现还需大家进一步努力。因此，在未来新时代的背景下，高等职业教育对知识经济发挥的作用也将越来越大，仍需重视并充分发挥高等职业教育的工具价值，最大限度地为国家战略发展培养社会所需人才，助力实现"为人民谋幸福、为民族谋复兴、为世界谋大同"的宏伟蓝图。

政府明确提出，在"十四五"期间和未来更长时期，各级政府、教育系统、行业企业和社会各界将多元协同，不断开拓创新职业技术教育的适应性，特别强调了职业教育发展是实现第二个百年奋斗目标夯实人力资源基础的必经之路，是全方位和多层次适应加快构建新发展格局需求的基础环节，也是新时代满足人民群众多层次和多样化教育需求的重要途径。综合国力的竞争归根到底是人才的竞争和劳动者素质的竞争，政府部门要加大在人力资本方面的投入，继续提升高等职业教育对社会经济发展和综合国力提升的适应性，在办学模式探索和办学质量提升等方面加大力度。"十四五"规划围绕"激发人才创新活力"的思想，强调"加强创新型、应用型、技能型人才培养，实施知识更新工程、技能提升行动，壮大高水平工程师和高技能人才队伍"，构建适合国内和国际发展的新发展格局，开创以国内大循环为主体，国内国际双循环相互促进的新局面，从满足人民日益增长的美好生活需要出发，赋予未来五年和更长时期职业技术教育新的使命。在这样的新时代背景下，我们必须加强高等职业教育服务社会的工具价值，为国家的富强、人民的富裕而服务。

三、走向二元融合的观念转变

高等职业教育的工具价值仍需继续发挥其作用。高等职业教育在推动社会经济建设和经济发展等方面成绩卓著，高等职业教育始终肩负着为国家培养人才的历史使命，在加快推进社会主义现代化建设进程和推进全面建设小康社会的过程中发挥着重大作用，并取得了突出成绩。我国高等职业教育的工具价值表现十分突出，并得到了政府、企业和普通民众的认可和接受。从我国的"十四五"规划可知，国家依然需要继续充分发挥高等职业教育的工具价值，并提出对高等职业教育工具价值新的目标追求，最大限度地为国家培养科技人才，以科教兴国，实现国家的宏伟目标。

高等职业教育需要进一步明确和强化其本体价值。我们必须承认高等职业教育在服务国家建设、经济建设、经济发展、提升国际竞争力等多方面的重要作用和深远意义，肯定高等职业教育工具价值的存在意义。但是，我们也不能忽视和弱化高等职业教育的本体价值。高等职业教育的工具价值促进了高等职业教育本体价值的生成，在推动社会经济发展的同时，个体也得以全面发展，但是这不是真正意义上的本体价值。高等职业教育本体价值一定是以生命为中心，高等职业教育的经济价值、政治价值、文化价值、社会价值等都应该为高等职业教育的本体价值服务，以追求生命意义和生命价值为中心，而不是成为工具价值的附庸。高等职业教育中人的主体性不能处于被悬置的状态，人要真正实现其主体性。高等职业教育中的人如果缺乏主体性，那么他只能是社会中的工具人，高等职业教育只能是把人培养成某一特定需要的工具。这样的人只是被理性驯服，人的主体性也在理性的张力下被消解。从某种意义上讲，高等职业教育价值认同产生偏差，就是高等职业教育与人的生命关系出现了问题，甚至导致高等职业教育迷失教育本质的内涵，生命价值在高等职业教育中逐渐消失。所以，生命主体必须在高等职业教育中归位，避免高等职业教育中没有人的生命价值，必须明确高等职业教育"人本论"的价值认同，实现高等职业教育本体价值。在高等职业教育价值选择中，不断接近生命的本真，为未来高等职业教育发展指明方向，为实现理想的高等职业教育价值认同提供根本遵循。

高等职业教育的本体价值和工具价值缺一不可，高等职业教育价值认同必将走向二元融合。在高等职业教育的发展过程中，既要引导人符合现实社会的要求，又要超越现实社会环境和现实社会条件的影响与束缚，不断探寻生命个体的全面发展。高等职业教育不能盲目地适应和顺从社会经济的发展和需求，要充分发挥高等职业教育人的主体性，避免忽视高等职业教育的本体价值，忽视生命的存在与发展，一味地强调高等职业教育的工具价值。因此，我们既要努力为高等职业教育的本体价值的实现提供可能性，又要努力实现高等职业教育促进人的发展，而个体和人类也是在不断地发展生命个体和发展社会整体。生命个体的发展和社会整体发展不仅仅是一个简单的矛盾关系，二者之间也是相互促进、相互依存的关系。同样，高等职业教育的本体价值和工具价值也是一个矛盾的统一体，高等职业教育价值选择必然是走向工具价值和本体价值的二元融合。

第三节 "生命发展"的行为实践

高等职业教育行为实践可以通过高等职业教育资源的配置情况来体现，构建理想的高等职业教育价值认同可以通过高等职业教育资源配置来实现。组织的资源主要包括人力、财力、物力三个方面的配置情况，那么高等职业教育的资源配置也可以从高等职业教育的师资配置、经费配置和物资配置三个方面来展开。

一、以人为中心的师资配置

教育大计，教师为本。高等职业教育师资的配置情况决定了高等职业教育的质量，科学有效的高等职业教育师资配置可以修正高等职业教育价值认同的偏差。笔者从师资配置规划、师资队伍结构和教师发展三个方面提出高等职业教育师资配置的实践路径。

（一）制定科学有效的师资配置规划

制定人力资源规划是现代企业管理的首要职能，师资配置规划是高等职业院校管理活动的重要内容之一。根据高等职业教育的特点，高等职业院校应该加强"双师型"师资队伍建设，那么"双师型"师资队伍的整体规划至关重要。根据政府相关政策文件以及高等职业院校自身发展战略，高等职业院校制定适合自身发展和自身特点的"双师型"教师队伍建设规划，以保障师资队伍在数量、质量和结构等各个方面保持稳定合理状态，达到"双师型"师资队伍结构的要求。首先，师资队伍规划要具有前瞻性。所有规划都是基于现实、指向未来的，因此高等职业院校师资队伍配置规划应涉及学校的发展战略，同时更要关照教师的发展。其次，师资队伍规划要具有系统性。高等职业院校师资队伍规划是高等职业院校系统工作中的一部分，不能孤立地看待师资规划，应结合学校内部和外部其他工作以及影响因素统筹兼顾。最后，师资队伍规划要具有全面性。高等职业院校师资队伍配置规划的影响因素较多，师资队伍规划关乎教师切身利益，并直接影响学校的发展利益。要全面细致地制定高等职业院校师资队伍配置规划，既要考虑已有教师队伍情况，又要结合未来发展需要；既要考虑到外部引进，又要考虑到内部培养；既要考虑到考评考核，又要考虑到绩效奖惩等诸多因素。

（二）多措并举，优化师资队伍结构

在短时期内实现资源的激增是很困难的，以"生命发展"为理念优化现有资源的配置方式，才是解决资源短缺的有效途径和重要手段。国外高等职业教育师资的主要组成部分是企业兼职教师，并在教师总体数量上占有较大的比例，有些国家甚至超过了50%。目前，我国很多高等职业院校从企业和事业单位中聘请具有丰富实践经验和操作技能，并具有一定教学能力的专业技术人员做兼职教师，为学校带来生产和服务一线的新技术、新工艺，以及社会对从业人员职业素质的新要求。整合优化专职和兼职教师共同进行教学的措施既可改善高等职业教育师资队伍结构，形成具有高等职业教育特点的教师教学共同体，即"双师型"教师团队，又能使教师之间相互补充和相互优化，形成团队能力优势，弥补个人能力的不足。高等职业院校打开建设教师共同体的思路，在社会中挖掘能工巧匠并聘请组建到教师团队中来，构建专兼结合和结构合理的教师团队，逐步建设一支权威性高、理论水平强和实践能力突出的高水平、高质量师资队伍。高等职业院校可以多措并举，从内部教师的培养和校外聘请引进同步进行，力求解决实际问题。高等职业教育要实现全面发展人的个体需要和培养高技能人才的社会经济发展需要，必须实行以"生命发展"为理念的教师发展之路，形成教师队伍结构的多样化和社会化。

（三）提高职业地位，尊重教师发展

高等职业教育教师职业地位是社会对高等职业教育认识和理解的具体表

征，高等职业教育教师的职业地位也直接影响着师资队伍配置的水平。高等职业教育教师对其职业身份的认知和理解是其对职业地位的内在感知。他人对高等职业教育教师职业身份的认知理解、情感态度属于社会评价。高等职业教育教师的内在感知和外在评价都影响和制约着高等职业教育的师资配置水平和配置的有效性。良好的内在感知会增强教师对高等职业教育的归属感和认同感；良好的社会评价会满足教师对于社会尊重的需要。因此，提高高等职业教育教师的职业形象和职业地位，提高教师的内在感知和外在评价，对于高等职业教育师资配置至关重要。

高等职业教育教师作为生命个体，需要在尊重中获得发展。高等职业教育教师不仅仅需要理论知识的不断提升，同时也需要养成实践能力。因此，在高等职业教育教师的发展过程中，需要将理论知识和实践能力有机结合起来，促进教师生命个体的全面发展，并逐渐成为"双师型"教师。从个体职业发展的特点看，高等职业教育教师理论方面的特质表征为"知识"，实践方面的特质表征为"能力"。可以说，知识是人脑对客观事实的主观认识，而能力是人完成一项任务所表现出来的素质。个体具备的知识是其能力的基础，知识和能力之间是辩证统一和相辅相成的。因此，高等职业教育教师发展不仅要注重理论知识的不断丰富，而且需要关注实践能力的持续增长。

二、围绕个体发展的经费配置

高等职业教育经费配置在高等职业教育资源配置中是极为重要的，它是实现师资配置和物资配置的基本保障，因此，加大高等职业教育经费配置至关重要。笔者认为加大高等职业教育经费配置主要从转变政府观念、建立相关制度等方面开展。

（一）转变政府经费配置观念，加强财政投入力度

从宏观上讲，我国的全面小康社会已初步建成，高等职业教育在此过程中发挥着不可替代的作用，接下来我国进入全面乡村振兴发展和工业智能化转型升级阶段，需要大量高素质技能型人才，高等职业教育的重要价值和意义不可或缺。因此，政府应该转变传统观念，将高等职业教育作为高等教育的一种类型，为高等职业教育发展提供充足的资金保障和财政投入支撑。从地方上讲，高等职业教育直接服务于地方经济发展，因此，地方政府应该从地方经济发展需要出发，持续完善和健全地方财政投入资金动态增长机制，建立健全地方政

府对高等职业教育财政专项投入制度,结合高等职业教育自身特点和经费实际需求,为高等职业教育内涵发展按照一定比例配置专项财政资金,促进高等职业教育学生文化素养、专业知识和技能的持续提升,为实现以"生命发展"为理念的高等职业教育学生的全面成长做好资金保障。

相比普通高等教育,高等职业教育的成本比较高,政府应该提高财政投入额度支持高等职业教育的发展,根据生均教育成本安排财政拨款,加大对高等职业教育的财政投入倾斜力度,实现教育系统内教育资源配置的公平。研究表明,同一教育阶段中,职业教育的财政投入明显低于普通教育,财政投入明显不足。即便不考虑职业教育特点对教育成本要求远远高于普通教育的这一事实,同一阶段教育的职业教育经费应该与普通教育经费相等。

此外,在职业教育中,中等职业教育财政投入要明显高于高等职业教育,中等职业教育财政投入保障制度要明显强于高等职业教育。无论与普通高等教育相比,还是与中等职业教育相比,高等职业教育财政投入都明显偏低,教育经费配置明显不足。实现以"生命发展"为理念的高等职业教育首先要实现生命个体的平等,实现财政投入根据教育成本拨款的公平配置和均衡配置。

(二)健全相关法律和制度,保障财政投入

为保障高等职业教育财政投入的科学性和合理性,实现高等职业教育本体价值和工具价值的深度融合,政府应该建立健全高等职业教育财政投入相关法律和制度。首先,政府应该统筹考虑高等职业教育发展需要和高等职业教育服务社会的能力进行财政投入,保障高等职业教育办学经费充足,从生命发展的理念出发,确保高等职业教育本体价值的充分实现。其次,要通过法律和制度进一步明确各级政府的财政投入主体责任意识。目前国外很多国家的高等职业教育经费收入来源多元化,但政府始终是财政投入的重要主体。政府作为经费来源的主要主体意义深远,应该在制度中进行明确。再次,政府应该充分考虑高等职业教育财政投入水平在教育系统中的公平性和高等职业教育的社会效益性,坚持公平和效益结合的原则,从实际情况出发,保障政府投入与高等职业教育工具价值实现之间的公平。最后,通过法律和制度充分调动企业、个人、基金等社会机构和组织在高等职业教育投入的积极性,激励企业、社会组织等积极参与到经费投入的行动中,走向高等职业教育投资主体多元化。此外,关于财政投入应该制定高等职业教育投入额度、模式、用途、监管等详细具体规定,并结合外部环境变化进行适时修订,建立科学有效的财政投入绩效评价体系,并切实开展财政投入资金的绩效评价。

建立健全高等职业教育财政投入制度，规范政府对高等职业教育财政经费投入的行为，进一步提升高等职业教育财政投入的制度化水平，保障高等职业教育的本体价值和工具价值的充分实现。生命个体的发展不仅体现在教育实践中，同时也体现在教育的保障中。

三、服务生命发展的物资配置

高等职业教育物资配置是高等职业教育活动实施的基本保障，优化高等职业教育物资配置有利于高等职业教育的科学健康发展。笔者认为优化高等职业教育物资配置主要从建立相关监管制度、推广现代学徒制和拓宽社会捐赠渠道等方面进行。

（一）建立高等职业院校基本办学条件监管制度

高等职业院校的办学条件是高等职业教育物资配置的重要表现形式之一。调整和优化高等职业教育物资配置，首先应该保障我国高等职业院校的办学条件达到国家规定的基本办学条件。同时，高等职业院校要符合国家相关规定。高等职业院校基本办学条件，也是检验和衡量高等职业教育发展水平的重要指标。2000年颁布的《高等职业学校设置标准（暂行）》和2004年颁布的《普通高等学校基本办学条件指标（试行）》两个文件分别对我国高等职业院校办学基本条件做出相应规定。尽管这些文件提出的办学条件和监测指标比较科学和全面，分别从办学场地、图书、设备实施等很多方面给出了基本标准，但是从时间维度来看，这些文件已不具备时效性。我国高等职业教育在各个方面已取得了长足的发展，用这些文件中的标准来衡量目前高等职业教育的物资配置情况，已没有参考价值。

结合目前我国高等职业教育办学水平的实际情况，必须建立适合我国高等职业教育当下状况和未来发展的基本办学条件监管制度。用监管制度科学有效地监测高等职业教育物资配置的基本情况，科学地监测每一年、每一所或者某个区域高等职业院校的办学条件情况，并根据监测的高等职业教育物资配置状况调整和完善高等职业院校基本办学条件的指标值。同时，根据监测结果，政府对高等职业教育物资配置进行调整和优化，对没有达到国家规定的基本办学条件的高等职业院校，有针对性地采取有效措施加以整治和建设，敦促各级政府加大力度进行高等职业教育经费投入，不断优化高等职业教育物资配置。

（二）深入推广现代学徒制，实现企业和高等职业院校物资共享

我国高等职业教育物资配置很大程度上取决于财政投入的情况，因此高等职业教育物资配置主要由政府和高等职业院校来主导，偶尔也有少数高等职业院校引入市场力量的资源配置，但总量不大，影响甚微。一方面高等职业教育物资配置受财政投入不足的限制，另一方面高等职业教育物资配置存在资源浪费的现象。此外，一些高等职业院校在争取物资配置方面存在"等、靠、要"的现象，一定程度上降低了高等职业院校自身谋发展的积极性。

以生命发展为理念，深化产教融合，在物资配置上企业与高等职业院校共享，构建"大职教"观，实现高等职业教育本体价值和工具价值的互相融合和互相促进。通过深入推广现代学徒制的教育模式，深化产教融合，构建"大职教"观。所谓"大职教"观是指构建多元主体协同育人的庞大高等职业教育体系，将原有高等职业教育体系与人力资源体系、社会经济体系进行深度融合。现代学徒制的深入实施，进一步促进高等职业教育体系和劳动就业体系的互动发展，促进企业参与高等职业教育育人的全过程，提高企业和高等职业院校双方资源的利用率，在一定程度上实现资源共享和价值共创。

（三）拓宽社会捐赠渠道，完善高等职业教育物资多元化投入

高等职业教育与多元利益主体相关，其发展需要社会各类组织的积极参与，需要社会各类组织的关心和关注。一方面，在社会环境方面，要营造社会组织和企业为高等职业教育捐赠的文化氛围，加大高等职业教育本体价值的宣传力度，拓宽为高等职业捐款捐物的平台。另一方面，政府部门应该为社会各界提供明确的捐赠条件，通过政府补贴、税收优惠政策等途径，积极鼓励社会组织和企业参与到捐赠高等职业教育事业中来。比如，政府可以制定减免税收等优惠政策，为捐赠高等职业教育经费或物资的相关社会团体和企业提供一些免税和奖励机制，以此带动更多的社会团体参与进来。此外，政府应该为社会捐赠搭建桥梁。政府应常与企业沟通高等职业教育事业发展状况，积极鼓励社会组织和相关企业捐赠设备仪器、提供实习实践场地等。

总之，高等职业教育事业不是某个人或某个组织的事业，高等职业教育事业是关乎民族未来的事业，需要社会各类组织的参与和帮助，不能简单地将其理解为企业的投入和产出问题，也不是成本利益的问题，这是人类共同的事业，需要进行持续关注。

第四节 "以人为本"的制度建设

高等职业教育价值认同的最外延就是制度建设,根据前文中从制度的角度对高等职业教育价值认同形成的根源分析,笔者从正式制度和非正式制度两个方面构建了适合于中国高等职业教育发展的制度安排。

一、构建高等职业教育的正式制度

正式制度具有强制性,其生成与变迁过程较短,且产生的效果比较明显。因此,构建完备的正式制度是促进高等职业教育健康发展的根本保障,也是实现理想的高等职业教育价值认同的有力保障。

(一)建立高等职业教育法律制度体系

建立完善的高等职业教育法律制度体系,是高等职业教育价值认同的有力保障,主要包括高等职业教育的基本法律制定和高等职业教育的行政法规制定。随着高等职业教育的飞速发展,高等职业教育应该有自己最基本的法律规定,但目前法律体系中缺乏专门关于高等职业教育的基本法律。高等职业教育行政法规的制定应该进一步加大。相对于普通高等教育而言,由中央政府颁发的高等职业教育规范性的文件明显较少,在高等职业教育发展的具体实施中缺乏行政性保障。制定高等职业教育行政法规能为高等职业教育发展提供有力保障,同时为高等职业教育价值选择提供行政保障。

(二)明确高等职业教育的法律地位

政府不断强调高等职业教育的社会地位,将其提到国家战略的高度,但是现实中高等职业教育仍然处于一个身份不明、地位不清的尴尬境地。高等职业教育在高等教育发展、经济和社会发展中做出的突出贡献得到了党和人民的广泛认可,但是高等职业教育边缘化等现象依然存在。笔者认为,通过立法明确高等职业教育的身份和地位是改变高等职业教育尴尬处境的有力保障和有效途径,有利于修正高等职业教育价值认同的偏差。

通过立法完善高等职业教育的学历体系。完善相关法律法规是发展职业教育本科层次的基础。中国高等职业教育作为高等教育的一种类型，基本限制在专科层次，发展职业教育本科层次的道路曲折、困难，更没有职业教育的研究生层次的上升通道。相较而言，很多发达国家和地区本科层次职业教育的发展在很大程度上得益于其完善的法律法规，这些国家通过修订法律法规作为保障，实施改革以谋求发展，并在不断地探索、修订和完善的过程中，职业教育相关法律法规逐渐明确，较好地保障了职业教育发展。因此，完善中国高等职业教育的学历体系，通过法律法规打通高等职业教育的本科层次，甚至是硕士研究生和博士研究生层次，有利于高等职业院校的地位提升及修正高等职业教育价值认同的偏差。

二、形塑高等职业教育的非正式制度

非正式制度具有民间内生性，是非常重要的制度类型，很多时候非正式制度对人们的影响较为深远。因此，形塑适合高等职业教育发展、实现理想的高等职业教育价值认同的高等职业教育非正式制度任务艰巨且形塑过程漫长持久。

（一）树立个体本位的高等职业教育价值观

正确树立个体本位的高等职业教育价值观是修正高等职业教育价值认同偏差的内在需要。新人文主义的个体本位论认为，教育的个体价值高于社会价值，社会价值要以个体价值的实现为条件，社会的完善是由个人的完善决定的，教育目的应该根据个人的需要来确定，教育的根本目的在于使人的本能和本性得到自由发展，个人价值高于社会价值，衡量教育价值应当以其对个人发展所起的作用为衡量标准。与此相反，社会本位论的主张者认为，教育目的要根据社会需要来确定，个人只是教育加工的原料，教育的目的在于把受教育者培养成符合社会准则的公民，使受教育者社会化，从而保障社会生活的稳定与延续，社会价值高于个人价值，个人的存在与发展依赖并从属于社会，评价教育的价值只能以其对社会的效益来衡量。随着教育观念的不断更新，过分注重社会本位的价值观念是不合理的。高等职业教育也不例外，目前高等职业教育价值认同更多偏重其社会价值，而忽视了高等职业教育的个人价值。

首先，从观念上改变对高等职业教育工具化和功利化的倾向。在传统文化的负面影响和利益驱动下，高等职业教育表现出明显的工具化和功利化倾向，这种价值倾向不仅渗透于社会，而且还导致部分社会民众对高等职业教育产生了错误认识和理解。在高等职业教育的发展过程中，无论是学校还是社会大众都普遍认为，高等职业教育应侧重学生技能的习得，弱化学生的生命发展；侧重学生技能的培养，弱化学生的道德养成；侧重学生实用型技能的训练，弱化学生人文素养的提升。在这种观念的影响下，高等职业教育在国家经济建设和经济发展中起到了积极的推动作用，但是这种观念也给高等职业教育的发展带来了负面影响，很多普通社会民众对高等职业教育本质及价值意义产生错误的认识和理解，导致人们对高等职业教育价值认同产生了一定偏差。

其次，从观念上重新认识和理解高等职业教育的本质。在教育的不断发展中，强调教育本体价值的观点逐渐得到广泛认可。高等教育的目的应该是为学生的智力、审美、伦理和技能等方面的发展提供机会，同时在学生的成长过程中为其提供有助于他们发展的校园环境。教育的社会价值是教育的工具价值，教育的主体价值是本体价值。高等职业教育价值导向要从功利的社会价值回归到个体本位价值上来。高等职业教育应摒弃过分功利的价值认同，高等职业教育不是纯粹的适应社会发展的需要，以免把社会发展和人的发展相混淆，导致高等职业教育价值选择产生偏差或人们对高等职业教育本质的理解产生偏差。高等职业教育是不断提高人处理和使用知识的智慧的生命过程，它的核心是使受教育者具备完善的人格，有人生追求才是教育的本质，也是高等职业教育的本质。无论高等职业教育出现在什么时期、什么历史背景、肩负什么样的历史使命，它都是教育的一部分，也同样具有教育本质。教师只有真正认识到高等职业教育的本质，才能够对高等职业教育价值选择给出正确的指导，才能得到理想的高等职业教育价值认同结果。

最后，从根本上改变由于中国传统思想中"重道轻艺"观念对高等职业教育造成的偏见。高等职业院校为了突出自己的办学特色，往往根据就业形势和行业需求制订培养计划，使得高等职业教育侧重岗位需求，忽略了学生作为"人"的存在。在这种情况下学生易产生消极的学习态度，将高等职业教育过程看成是谋求工作的途径。因此，改变轻视高等职业教育的偏见和尊重学生作为人的存在，是完善高等职业教育价值认同的根本所在。

（二）改善高等职业教育的外在条件

职业教育与劳动是密不可分的，职业教育的最初样态就是为了满足人类生存的需要，人们在社会生产生活过程中获得某种技术技能。在社会生态系统中，高等职业教育是连接人力资源、智力优势和现实生产力之间的桥梁。在这个系统中，这些要素之间存在相互作用和相互依赖的关系，从而形成一定的运行机制，以确保整个社会生态系统的平衡。高等职业教育价值认同出现偏差不仅仅是高等职业教育的问题，还包括系统中其他要素的作用力。因此，要实现理想的高等职业教育价值认同，就必须改善高等职业教育的相关外在条件。

首先，构建重视高等职业教育的社会环境。政府通过相关文件强调高等职业教育的重要价值，甚至将高等职业教育提到了战略高度，相关理论研究也进一步阐释了高等职业教育的价值。但是很多家长依然不愿意让自己的孩子选择职业教育，对于进入高等职业院校大多充满无奈。这说明，对高等职业教育价值的高度认可仅停留在相关政府管理者和专家学者层面，普通社会民众对高等职业教育依然停留在纯粹思想观念层面上的外在的、表面的社会现实之中。因此，高等职业教育需要让更多的人了解和认识其内在价值，要运用各种手段和形式，特别是借助新媒体平台，使社会大众真正认识和理解高等职业教育的本质和价值，让社会民众看到高等职业教育在改善自己生活、提升生活品质，以及促进人的发展等方面的作用。

其次，加大力度开展高等职业教育相关的基本理论研究。我国关于高等职业教育相关理论的研究还处于零散状态，高等职业教育理论的话语权多来自德国、美国等发达国家，我国高等职业教育基本理论研究还处于总结其他发达国家成功经验的阶段，适合我国国情的高等职业教育基本理论还没有形成，仍处于探索阶段。没有适合我国国情的理论做支撑，直接照搬西方高等职业教育的做法是不可行的，所以我国高等职业教育在国内的教育体系中仍处于弱势地位，使其在国际高等职业教育体系中也处于弱势地位。因此，在总结和借鉴国外先进高等职业教育理论和实践经验的基础上，探索与建构具有中国特色的高等职业教育理论，形成适合我国高等职业教育历史发展和未来发展的理论体系迫在眉睫。

最后，营造适合高等职业教育发展的文化环境。要形成具有高等职业教育特色的制度体系，从宏观层面去健全和完善教育法律及高等职业教育法律，并以此构建专属于高等职业教育的制度文化，用制度文化规范高等职业教育实践活动的开展。同时，建立高等职业院校校园文化，结合相关法律法规和高等职业院校的自身特点，形成适合高等职业院校发展的文化特色。营造丰富的校园文化氛围，开展多种类、多形式的课余活动，引领学生养成综合素质，让他们在学习的同时，感受生活、感受生命。营造适合高等职业教育教师发展的文化环境，为高等职业教育教师提供更多的发展机会，使他们在个人的专业素质和专业能力方面的培训需求得到充分满足，使他们有更多的精力理解和建构更深层次的教师文化，使他们去认识生命、理解生命和尊重生命。为改变目前教师凭借经验开展专业教学和技能教学的现状，构建教师主动学习专业理论知识、积极投入企业获取专业技术技能的文化氛围和空间条件，不断增强和提高教师的教育教学能力。通过各种途径，学生、教师、社会民众能认识到高等职业教育不是次等教育，建构积极向上的适合高等职业教育发展的文化环境。

三、走向以人为本的制度融合

诺斯认为制度是一个社会的游戏规则。他认为制度有两种形式，一种是非正式制度，另一种是正式制度。两种制度之间存在着相互依存、相互促进的关系。正式制度具有外在性和强制性特征，主要表现为法律法规等，正式制度可以通过强制性手段来发挥作用，同时有监督等运行机制提供保障。非正式制度具有内生性和诱致性特征，主要表现为价值观念、思想意识、习惯习俗等。非正式制度可以通过制度文化浸染和渗透影响人的思想、制约人的行为，从而发挥其规范作用。

对于高等职业教育的制度建设，也要从这两个类型进行构建。一方面，建立适合高等职业教育发展的正式制度，包括宏观的法律制度、中观的政策法规、微观的学校制度等，建立能够保障正式制度良好运行的机制，确保正式制度能够充分发挥其外在的强制性作用，用有力的正式制度确保高等职业教育价值的理性选择，促进高等职业教育的工具价值和本体价值的融合与实现。另一方面，建构有利于高等职业教育发展的非正式制度。高等职业教育非正式制度的构建相对困难且构建时间比较漫长，可以借助新媒体技术，通过营造具有一定目标的、适合高等职业教育发展的社会文化氛围，逐渐建构适合高等职业教育发展的非正式制度，充分发挥高等职业教育非正式制度的持久性和有效性。

高等职业教育正式制度和非正式制度之间存在互补性。高等职业教育正式制度和非正式制度不能被割裂，应该共同在高等职业教育发展和高等职业教育价值选择中发挥相互补充、相互促进的作用。在充分认识理解高等职业教育本真内涵和明确的高等职业教育价值认同的前提下，高等职业教育正式制度和非正式制度就有了共同且明确的指向，两种制度一外一内、一强一弱，相互补充、相互促进，共同发挥作用，实现以人为本的制度融合。高等职业教育正式制度应充分发挥其外在强制性的作用，规范高等职业教育以人为本的发展方向；高等职业教育非正式制度应发挥其内在诱致性，引导高等职业教育向着目标发展。高等职业教育正式制度和非正式制度相互融合，保障理想的高等职业教育价值认同的实现，促进高等职业教育的健康发展。

结　论

　　高等职业教育的根本目的是提升人的生命品质，人的生命是人在社会实践活动中历史性地创造着的有价值和有意义的存在。高等职业教育的根本使命就是将人的生命纳入其理论研究体系，把高等职业教育与人的生命关系作为一个重要的研究内容，是我国高等职业教育理论研究的一种理论自觉。如何理解高等职业教育的基本内涵，理解人与高等职业教育的关系，理解人的生命意义，理解高等职业教育如何引导人的生命意义和价值的延展，这些都是高等职业教育前提性、根本性、总体性的现实问题和理论问题。基于对高等职业教育价值的探讨，笔者借鉴生命哲学的研究方法，以文化理论和博弈理论为基础，试图从高等职业教育的困境、生命哲学及其所揭示的人的生命价值及高等职业教育价值的角度，在借鉴他国高等职业教育价值认同的实践经验的基础上，表达研究所追求的一种关乎生命的高等职业教育价值观念，高等职业教育既要体现工具价值，也要融入本体价值。本书提出构建理想的高等职业教育价值认同的基本条件、内容维度及目标，并且提出从观念、行为到制度走向高等职业教育价值认同实践的通达之路。

　　高等职业教育是基于生命、为了生命的伟大事业。笔者通过历史梳理和现实考察，总结提炼了高等职业教育价值认同偏向政治价值认同和经济价值认同的发展脉络。在高等职业教育政治价值认同和经济价值认同的指导下，丰富的社会实践活动使受教育者的全面发展得以延展，但同时受教育者的社会性和传统文化性特征在某种程度上限制了他们的发展。高等职业教育的本质是关注受教育者的生命发展，关注他们的生命质量、生命价值和意义的追求。中国传统文化的影响和多元主体追求自身利益的博弈分别对高等职业教育产生了负面影响，致使教育的不同类型异化为高等职业教育的等级性。我国传统文化伦理缺乏对个体生命的关照，强者在追求利益的博弈过程中缺乏对弱者的关照，从而造成高等职业教育与人的现实生活脱离，忽略个体对生命意义和价值的追求，导致高等职业教育价值认同产生偏差。

高等职业教育价值认同偏差问题是高等职业教育价值的现实表征。高等职业教育价值包括高等职业教育的工具价值和本体价值。在高等职业教育的发展历程中，突出表现出来的政治价值、经济价值、社会价值、文化价值等都属于工具价值，高等职业教育的工具价值也在被不断地强化和拓展。相反，高等职业教育发展中对个体生命存在的关照，对个体全面发展的延展，个体对生命意义和价值的追求等高等职业教育的内在本体价值被弱化。总的来说，在高等职业教育发展中，高等职业教育的工具价值被强化，而本体价值被忽视，是高等职业教育价值认同产生偏差最根本的原因。高等职业教育价值认同源于人们对高等职业教育的理解。作为教育的一种重要类型，高等职业教育的根本目的是育人，因此这直接关乎人的发展，人的本体价值不能被忽略，高等职业教育的本体价值和工具价值应并驾齐驱，共同发挥作用，实现高等职业教育价值的二元融合与统一。

理想的高等职业教育价值认同的构建必须突破传统文化的认知，并通过以"公平"为理念的利益博弈达到社会整体的价值共识。高等职业教育本体价值的遮蔽和工具价值的强化，从某种程度上来讲是源于中国传统文化的影响，以及以自身利益为中心的多元主体的博弈。因此，应打破中国传统文化的思想束缚，树立以人为本的教育理念，改变追求各自利益的博弈现状，建立以"公平"理念为指导的多元主体博弈的机制，从而实现社会整体利益，形成大家都认可的价值共识。

参考文献

安东尼·吉登斯. 现代性与自我认同：现代晚期的自我与社会 [M]. 赵旭东，方文，译. 北京：生活·读书·新知三联书店，1998.

罗素. 西方哲学史（上）[M]. 何兆武，译. 北京：商务印书馆，1963.

罗素. 西方哲学史（下）[M]. 何兆武，译. 北京：商务印书馆，1963.

休谟. 人性论 [M]. 关文运，译. 北京：商务印书馆，1980.

卢梭. 社会契约论 [M]. 何兆武，译. 北京：商务印书馆，1980.

约翰·杜威. 民主主义与教育 [M]. 王承绪，译. 北京：人民教育出版社，1990.

约翰·罗尔斯. 正义论 [M]. 何怀宏，何包钢，廖申白，译. 北京：中国社会科学出版社，1988.

巴登尼玛，刘冲. 尊严论——汶川地震灾后文化重塑与和谐社会建设研究 [M]. 北京：人民出版社，2016.

郭湛. 主体性哲学——人的存在及其意义（修订版）[M]. 北京：中国人民大学出版社，2010.

姜大源. 职业教育要义 [M]. 北京：北京师范大学出版社，2017.

崔新建. 文化认同及其根源 [J]. 北京师范大学学报（社会科学版），2004（4）：102-104.

董仁忠. 职业教育制度的结构和功能探微 [J]. 教育与职业，2007（9）：19-21.

胡赤弟. 高等教育中的利益相关者分析 [J]. 教育研究，2005（3）：38-46.

黄复生. 从"俯视"到"平视"：新世纪我国教育价值取向的转型 [J]. 当代教育科学，2003（1）：6-8.

黄平平，李宜芯. 高等职业教育制度的生成与建构研究［J］. 中国成人教育，2019（7）：27-30.

郭文安. 主体教育思想发展的回顾与前瞻［J］. 教育研究与实验，2006（5）：1-6.

贾英健. 认同的哲学意蕴与价值认同的本质［J］. 山东师范大学学报（人文社会科学版），2006（1）：10-16.

刘兰明. 论职业教育的尊严［J］. 中国高教研究，2015（2）：91-94.

李名梁，谢勇旗. 职业教育利益相关者：利益诉求及其管理策略［J］. 职教通讯，2011（21）：5-9.

梁志，赵祥刚. 高等职业教育的概念解析及其内涵的厘定［J］. 山东师范大学学报（人文社会科学版），2008（1）：88-91.

王卫东，石中英. 关于建国后教育价值取向问题的思考［J］. 江西教育科研，1996（4）：1-4.

谢思熠. 价值认同缺失对社会矛盾生成的影响及化解路径探析［D］. 福州：福建农林大学，2018.

杨志成，柏维春. 教育价值分类研究［J］. 教育研究，2013（10）：18-23.

叶澜. 试论当代中国教育价值认同之偏差［J］. 教育研究，1989（8）：28-32.

亓俊国. 利益博弈：对我国职业教育政策执行的研究［D］. 天津：天津大学，2010.

叶浩生. 具身认知：认知心理学的新取向［J］. 心理科学进展，2010（5）：705-710.

严智雄. 高职院教育的认同危机及其后果——以江西省一所独立设置的公办高职院为例［D］. 上海：华东师范大学，2011.

赵传珍. 基于文化视角的中职教育地位认同研究［D］. 长沙：湖南师范大学，2016.

张等菊. 我国高等职业教育的身份认同及生存立场研究［J］. 教育发展研究，2016（7）：73-78.

张玲燕，肖颖，杨晓. 高职院校教师职业认同研究综述［J］. 职教通讯，2020（1）：71-77.

附 录

高等职业教育主要政策一览（2005—2019年）

序号	时间	主要政策	颁发部门
1	2005	关于进一步推进高职高专院校人才培养工作水平评估的若干意见	教育部
2	2005	国务院关于大力发展职业教育的决定	国务院
3	2006	关于实施国家示范性高等职业院校建设计划加快高等职业教育改革与发展的意见	教育部 财政部
4	2006	关于职业院校试行工学结合、半工半读的意见	教育部
5	2006	关于全面提高高等职业教育教学质量的若干意见	教育部
6	2007	国家示范性高等职业院校建设计划管理暂行办法	教育部
7	2008	高等职业院校人才培养工作评估方案	教育部
8	2009	关于加快高等职业教育改革促进高等职业院校毕业生就业的通知	教育部
9	2010	国家中长期教育改革和发展规划纲要（2010—2020年）	国务院
10	2010	关于2010年部分高职院校开展单独招生改革试点工作的通知	教育部
11	2011	关于充分发挥行业指导作用推进职业教育改革发展的意见	教育部

续表

序号	时间	主要政策	颁发部门
12	2011	关于推进高等职业教育改革创新引领职业教育科学发展的若干意见	教育部
13	2011	关于进一步完善职业教育教师培养培训制度的意见	教育部
14	2012	关于加快推进职业教育信息化发展的意见	教育部
15	2013	关于积极推进高等职业教育考试招生制度改革的指导意见	教育部
16	2014	关于加快发展现代职业教育的决定	国务院
17	2014	关于开展现代学徒制试点工作的意见	教育部
18	2014	关于建立完善以改革和绩效为导向的生均拨款制度加快发展现代高等职业教育的意见	财政部 教育部
19	2015	关于推进职业院校服务经济转型升级面向行业企业开展职工继续教育的意见	教育部 人社部
20	2015	关于深化职业教育教学改革全面提高人才培养质量的若干意见	教育部
21	2015	职业院校管理水平提升行动计划（2015—2018年）	教育部
22	2015	高等职业教育创新发展行动计划（2015—2018年）	教育部
23	2016	关于做好普通高职（专科）招生计划管理工作的通知	教育部
24	2016	职业学校学生实习管理规定	教育部等
25	2016	制造业人才发展规划指南	教育部等
26	2016	职业教育东西协作行动计划（2016—2020年）	教育部等
27	2017	关于深化产教融合的若干意见	国务院
28	2018	职业学校校企合作促进办法	教育部等
29	2019	国家职业教育改革实施方案	国务院
30	2019	高职扩招专项工作实施方案	教育部

访谈提纲

一、对高等职业院校管理者的访谈提纲

(一) 高等职业教育所在教育领域的认识

1. 你认为我国教育体系是什么样的?
2. 你认为我国高等教育包括哪些教育?
3. 你认为我国职业教育包括哪些教育?
4. 你认为高等职业教育应该属于哪个类型?

(二) 高等职业教育与普通高等教育相比的态度

1. 你认为高等职业教育与普通高等教育在办学定位上有什么区别?
2. 你认为高等职业教育与普通高等教育在资源分配上有什么区别?
3. 你认为高等职业教育与普通高等教育在制度上有什么区别?
4. 你认为高等职业教育与普通高等教育在价值上有什么区别?
5. 你认为高等职业教育与普通高等教育在社会地位上有什么区别?

(三) 高等职业教育的整体认识

1. 你认为高等职业教育在现实中处于什么样的社会地位?
2. 你理想的高等职业教育应该处于什么样的社会地位?
3. 如果达到你的理想状态,应该从哪些方面进行调整?

二、对高等职业院校教师的访谈提纲

(一) 高等职业教育所在教育领域的认识

1. 你认为我国教育体系是什么样的?
2. 你认为我国高等教育包括哪些教育?

3. 你认为我国职业教育包括哪些教育?
4. 你认为高等职业教育应该属于哪个类型?
5. 你为什么选择在高等职业院校任教?

(二) 高等职业教育与普通高等教育相比的态度

1. 你认为高等职业教育与普通高等教育在教师的选拔上有什么区别?
2. 你认为高等职业教育与普通高等教育在教师的待遇上有什么区别?
3. 你认为高等职业教育与普通高等教育在教师的考核上有什么区别?
4. 你认为高等职业教育与普通高等教育的教师在主要工作内容上有什么区别?
5. 你认为高等职业教育与普通高等教育的教师在社会地位上有什么区别?

(三) 高等职业教育的整体认识

1. 你认为高等职业教育的教师现实中处于什么样的社会地位?
2. 你理想的高等职业教育的教师应该处于什么样的社会地位?
3. 如果达到你的理想状态,应该从哪些方面进行调整?

三、对用人单位管理者的访谈提纲

(一) 企业所在行业的分类

1. 你所在公司目前经营情况是什么样的?
2. 你所在公司经营情况在行业中所处的位置情况是什么样的?
3. 你所在公司近三年有没有招聘高等职业教育毕业生?

(二) 公司招聘的高等职业教育与普通高等教育毕业生的比较

1. 你所在公司近三年招聘人员中,高等职业教育毕业生与普通高等教育毕业生在数量分布上是什么样的?
2. 你所在公司近三年招聘人员中,高等职业教育毕业生与普通高等教育毕业生在初始岗位安排上是什么样的?
3. 你所在公司高等职业教育毕业生与普通高等教育毕业生在职业发展上有何不同?
4. 你所在公司近三年招聘人员中,高等职业教育毕业生与普通高等教育毕业生在初始待遇上有何不同？

5. 同样的条件下，你更愿意选择哪种类型的毕业生？

（三）高等职业教育毕业生的认识

1. 你认为高等职业教育毕业生在就业市场中所处的位置是什么样的？
2. 你认为公司招聘高等职业教育毕业生的主要原因是什么？
3. 你认为高等职业教育毕业生在工作中表现如何？
4. 你认为高等职业教育毕业生未来职业发展如何？

调查问卷

学生对高等职业教育价值认同的调查问卷

亲爱的同学：

　　您好，我是四川师范大学教育科学学院的学生，此次调查的目的在于全面了解学生对高等职业教育价值认同状况。此次调查采用无记名方式，您的回答不涉及是非对错，我们将遵守《中华人民共和国统计法》的规定，对您的回答予以保密。请你在选项前的"□"内画"√"或在"＿＿＿"上写出你的答案。

　　非常感谢您对本次调查的参与和支持！

基本情况

1. 您的性别：
   □男　　　　　　　　　□女
2. 您所在年级：
   □一年级　　　　　□二年级　　　　　□三年级
3. 您所学专业：
   □农林牧渔类　　　□土木建设类　　　□装备制造类
   □交通运输类　　　□电子信息类　　　□医药卫生类
   □财经商贸类　　　□旅游类　　　　　□其他＿＿＿＿

4. 父母的学历（就高，仅选择一项）：
   - □小学 □初中 □中职或高中
   - □高职 □本科 □研究生及以上
5. 父母的职业：
   - □政府机关公务员 □事业单位工作人员
   - □企业工作人员 □个体、私企老板
   - □农林牧渔以及水利业生产人员 □生产、运输设备操作人员
   - □一般商业、服务人员 □军人
   - □其他_____
6. 实际居住地区：
   - □大中城市 □县级市
   - □乡镇 □农村
7. 您的家庭年收入水平：
   - □1万元以下 □1万~3万元 □3万~8万元
   - □8万~30万元 □30万~100万元 □100万元以上

认识与理解

1. 您了解中国教育体系的具体内容吗？
   - □非常了解 □基本了解
   - □不很了解 □很不了解
2. 您了解高等职业教育在教育体系中的位置吗？
   - □非常了解 □基本了解
   - □不很了解 □很不了解
3. 您了解高等职业教育的特点吗？
   - □非常了解 □基本了解
   - □不很了解 □很不了解
4. 您了解所在学校的办学定位吗？
   - □非常了解 □基本了解
   - □不很了解 □很不了解
5. 您了解所在专业的培养目标吗？
   - □非常了解 □基本了解
   - □不很了解 □很不了解
6. 您认为高等职业教育的优势是什么？
   - □职业性 □市场化

☐教育性　　　　　　　☐技术性

7. 您了解高等职业教育的价值吗？
   ☐非常了解　　　　　　☐基本了解
   ☐不很了解　　　　　　☐很不了解

8. 对您个人而言，您认为高等职业教育最主要的价值是什么？
   ☐掌握一门技术　　　　☐为未来谋一个好工作
   ☐全面发展　　　　　　☐提高学历

情感与态度

1. 您对"服务区域经济、就业为导向、产教融合"的观点？
   ☐非常赞同　　　　☐基本赞同　　　　☐说不清
   ☐不很赞同　　　　☐很不赞同

2. 您对"高等职业教育毕业生社会实践能力很强"的观点？
   ☐非常赞同　　　　☐基本赞同　　　　☐说不清
   ☐不很赞同　　　　☐很不赞同

3. 您对"高等职业教育毕业生就业情况很乐观"的观点？
   ☐很不赞同　　　　☐不很赞同　　　　☐说不清
   ☐基本赞同　　　　☐非常赞同

4. 您对"高等职业教育强国"的观点？
   ☐非常赞同　　　　☐基本赞同　　　　☐说不清
   ☐不很赞同　　　　☐很不赞同

5. 您对"社会大众对高等职业教育评价很高"的观点？
   ☐很不赞同　　　　☐不很赞同　　　　☐说不清
   ☐基本赞同　　　　☐非常赞同

6. 您对"技术工人的工资普遍偏低"的观点？
   ☐非常赞同　　　　☐基本赞同　　　　☐说不清
   ☐不很赞同　　　　☐很不赞同

7. 您对"高等职业教育是人发展的需要"的观点？
   ☐很不赞同　　　　☐不很赞同　　　　☐说不清
   ☐基本赞同　　　　☐非常赞同

8. 您对"高等职业教育是社会发展的需要"的观点？
   ☐非常赞同　　　　☐基本赞同　　　　☐说不清
   ☐不很赞同　　　　☐很不赞同

9. 您对"高等职业教育是普通高等教育的补充"的观点？

☐非常赞同　　　　☐基本赞同　　　　☐说不清

☐不很赞同　　　　☐很不赞同

10. 您对"高等职业教育是高考落榜生的无奈选择"的观点？

☐非常赞同　　　　☐基本赞同　　　　☐说不清

☐不很赞同　　　　☐很不赞同

11. 您对"学而优则仕"的观点？

☐非常赞同　　　　☐基本赞同　　　　☐说不清

☐不很赞同　　　　☐很不赞同

12. 您对"三百六十行，行行出状元"的观点？

☐非常赞同　　　　☐基本赞同　　　　☐说不清

☐不很赞同　　　　☐很不赞同

参与与行为

1. 您选择现在就读高等职业院校是出于（单选）：

☐学得一技之长，成为技能型人才

☐相信高等职业院校就业前景广阔

☐尽快毕业，减轻家庭经济负担

☐自己不适合学科学习，对高等职业教育感兴趣

☐入学后通过专升本提高学历

☐社会对高等职业院校的评价高

☐达不到分数线，退而求其次

2. 您选择目前这个专业的原因是什么？

☐喜欢　　　　　　☐好就业

☐方便升本科　　　☐父母的意见

3. 您的课余时间主要是用来干什么？

☐学习理论知识　　☐在实训室实操

☐玩耍　　　　　　☐在外兼职

4. 学校图书馆资源配置如何？

☐非常好　　　　　☐理论资源太少

☐实操类资源太少　☐各种资源都少

5. 学校实训设备配置如何？

☐非常好　　　　　☐设备老旧

☐设备数量少　　　☐设备又少又老旧

6. 学校教师资源配置如何？

　　　　□非常好　　　　　□理论水平偏低
　　　　□实践能力弱　　　□理论和实践都差
7. 班里同学出勤情况如何？
　　　　□非常好　　　　　□较好
　　　　□一般　　　　　　□较差
8. 班里同学上课状态如何？
　　　　□非常好　　　　　□个别人没认真听讲
　　　　□一般　　　　　　□大部分人没认真听讲
9. 学校组织的活动你都积极参与吗？
　　　　□非常积极　　　　□比较积极
　　　　□看情况　　　　　□一般不参加
10. 您认为自己读书的最终目的（单选）：
　　　　□出人头地
　　　　□读书入仕
　　　　□获得高学历，找到好工作
　　　　□学习工作技能，找到适合自己的工作谋生
　　　　□没有明确的目标
　　　　□其他

调查到此结束，再次感谢您的支持！

访谈记录（部分）

访谈对象1：某小型企业总经理，女，37岁，教育学硕士研究生。

笔者：你所在公司目前经营情况是什么样的？

我们是一家小型企业，主要从事儿童教育，从创业到现在两年了。目前在成都有3个校区，每个校区有员工15～20人，总共有接近60人，每个校区占地300平方米左右。

笔者：你所在公司经营情况在行业中所处位置情况是什么样的？

如果按新兴品牌来看，在这种儿童教育机构比较成熟或者比较饱满的状态下，我们还是比较有生命力的一个品牌，经历了疫情，儿童教育机构也重新进行了一次筛选和"洗牌",目前我们的经营状况还比较好。我们是一个比较有生命力和竞争力的新品牌,在各大商场的口碑也都不错。

笔者:你们业内有没有排名?

没有排名。在业内主要分为学科类和非学科类,我们属于非学科类。比如,学而思、英孚这些机构都属于学科类,像我们、乐高这些都属于非学科类。我们在非学科类里面还是可以,虽然我们品牌效益不如乐高,但是商场经常把我们和乐高对比。

笔者:你所在公司近两年有没有招聘高等职业教育毕业生?

我们招聘过高等职业院校的学生,每个校区每年都有一些高等职业院校的毕业生。高等职业教育的毕业生一般都是在行政、市场和销售三种类型的岗位上。我们一般还是按照应聘人员的专业来划分的,我们这个行业很特殊,教师很重要,对于普通高等教育毕业生的招聘,一般招聘幼师专业,或者研究儿童的,一般安排在教师岗位,因为这个行业对专业的匹配度要求较高;对于行政、市场和销售岗位,我们一般招聘高等职业教育的经济、管理、市场营销等专业的学生。

笔者:市场岗位和销售岗位有什么不同?

市场主要负责市场的拓展,拓展销售渠道;销售主要是攻单,需要面对面地跟客户或者潜在客户去谈,谈价格等各方面,就是面对面销售。有的公司也会把销售岗位叫作课程顾问。

笔者:你所在公司近两年招聘人员中,**高等职业教育毕业生与普通高等教育毕业生在数量分布上是什么样的**?

因为我们是儿童教育机构,所以对教师的要求比较高。教师这个岗位我们招聘的都是普通高等教育的毕业生,剩下的行政、市场拓展、销售三个岗位,我们一般都招聘高等职业教育的毕业生。在数量上,高等职业教育毕业生和普通高等教育毕业生的比例差不多1∶1。在我们公司里面,教师的数量相对于其他岗位是最多的,师资是我们品牌的核心力量。比如说,一个校区,不算店长这些管理层的话,差不多有7个教师,这7个教师一般都是来自普通高等学校,当然里面有本科生,也有专科生,专科生也是来自普通高等学校;另外,有2个行政、2个市场和3个销售,这7个工作人员一般是来自高等职业学校。

笔者:你认为普通高等教育的专科生和目前的高等职业教育学生有什么区别呢?为什么教学的教师队伍里有本科生、有专科生,但是唯独就没有高等职业教育学生呢?

可能主要是专业和方向的原因,我不清楚高等职业教育有没有幼师这个专业,但是我知道普通高等教育是有幼师这个专业的,本科和专科都有。我们对专业要求比较高,教师岗位的要求一般都是幼师或者偏儿童学科的,或者心理学,主要是专业需求。

笔者:你所在公司近两年招聘人员中,高等职业教育毕业生与普通高等教育毕业生在初始岗位安排上是什么样的?

对于新招聘的毕业生,公司会根据需求招聘,一般就是分两种,一是教学的教师,二是市场和销售人员,我们按照应聘者选择的岗位来安排入职。当然有时候应聘者最初会对自己的定位和职位认知不是很准确,我们会在他们入职后试用期2个月里,根据他们的意愿和特长,以及人力部门对人员的评估,进行岗位调整。比如,有些员工虽然是学习幼师专业的,但是如果他们的人际沟通等各方面比较突出,我们会建议他们转岗。

笔者:你所在公司高等职业教育毕业生与普通高等教育毕业生在职业发展上有何不同?

没有什么不同,可能开始的时候我们还是要看毕业院校和专业,但在后面的发展中,不管是高等职业院校的,还是普通高等院校的,我们主要看重他们对公司岗位的认同度,以及在这个岗位上发展的空间、他们的能力、未来对职业的规划等各种因素。我们考核他们,从初始岗位到中级职位的过程中,主要看他们的能力,看他们给公司带来的利益。

笔者:你所在公司近两年招聘人员中,高等职业教育毕业生与普通高等教育毕业生在初始待遇上有何不同?

待遇上主要根据业绩挂钩,看他们给公司收的单、上的课程。

笔者:同样的条件下,你更愿意选择哪种类型的毕业生?

同等条件下,我们更愿意选择普通高等教育的毕业生,本科的或者专科的都可以。

笔者:为什么呢?专科和高等职业教育在学历层次上不是一样吗?

可能是因为普通高等教育有这个专业,我们主要从岗位和专业这个角度来考虑。如果是市场和销售两个岗位的话,我觉得高等职业教育毕业生也不错,但是如果是教师岗位的话,就必须是普通高等教育毕业生。对我们公司来讲,来应聘的普通高等教育的毕业生不会是来自"985""211"这样的学校,他们不会选择我们这样的企业,通常来说选择我们的毕业生来自以前的三本院校。我对专业的需求必须是幼师,而普通高等教育有这个专业,所以我更愿意选择普通高等教育的学生。对于行政、市场和销售这些岗位来讲,我更倾向于高等职业院校的学生,因为这几个岗位需要能吃苦的学生。这涉及能不能收单,能不能积极地拓展市场渠道，能不能抗挫折，能不能抗压力，不仅仅是专业度的问题。比如市场这个岗位，你拓展的渠道越多，吃的苦越多，你的薪资就越多，就可以很大地满足收入上的需求。相对来讲，高等职业教育的毕业生对薪资的需求会更多一些，所以他们更积极地去拓展业务。我这就有一个典型的例子，我们的一个校区里有一个高职毕业生和一个普通高校毕业生，他们都是市场岗位，高职的明显对薪资的需求比较高，他知道做什么能拉开收入的梯度，其实就是通过谈单和提成，所以他很努力，吃饭也在想工作的事情。

笔者：他为什么对薪资那么有需求？

我猜测是家庭的原因。另外，高职的学生对自己的定位比较低，他认为自己来自职业院校，在未来的就业选择面和选择空间没有那么大，所以必须要务实，要赚钱。在岗位认同感上其明显强于普通高等院校的学生，他看重这个岗位并努力干，不仅看重基本薪资，更关注绩效工资。我这有个员工，就是高等职业教育的毕业生，他接受双岗，他既是市场岗位又兼任销售岗位，他一个人在成都租房子，经济压力比较大，家庭条件也不是很好，他很看重经济上的上升空间，他很努力，他现在一个月能拿到1.5万元。

笔者：你认为高等职业教育毕业生在就业市场中所处的位置是什么样的？

我其实没有专门去高等职业院校招聘，我更多的是去普通高等院校招聘。因为我个人跟高职院校接触不多，我以前一直在高校工作，所以高校的资源比较多。高职学生来应聘，大多是因为我们公司在各大网站上挂出招聘需求，他们看到后来应聘的。但是听高等职业教育的学生自己说的一些情况，我猜测他们对自己的认知和对自己的定位比较低，他们的选择面会窄一点。比如，普通高等院校学生的专业是学前教育，他可以做教师，也可以做市场，做销售，他拓展的空间就比较大。我招聘的高等职业院校的学生，一般都是学习经济的、管理的、市场的，不太可能去做教师，他的选择面就小。

笔者：你认为公司招聘高等职业教育毕业生主要是因为什么？

我选择用高等职业教育的毕业生，主要是因为他们对薪资有欲望，因为有欲望的员工才会给公司带来创收。我不太愿意用每个月只拿3000元或者4000元的员工，然后他每个月就做那点事情；比较起来我更喜欢每个月拿1.5万元的员工，因为你拿得多，才能给公司带来更多价值。所以我更愿意招聘高等职业教育的学生在市场或者销售岗，更喜欢他们对未来发展的欲望。

笔者：你认为高等职业教育毕业生在工作中表现如何？

高等职业教育毕业生在工作中确实表现出踏实、能吃苦，他们对自己的认知不像普通高等教育的毕业生觉得自己很不错，很有优越感，他们不这样认为。我们不喜欢刚毕业的学生带有优越感，我们希望他们抱有学习的态度，而高等职业教育的学生在共性上来讲，他们认为自己毕业的学校不如别人好，所以要更努力一些，多学习一些。在岗位培训的时候就能明显看到，在认同和学习态度上，高等职业院校的学生更多的是抱着学习的态度，他知道这个公司需求什么，知道这个公司想要什么样的人，他认为自己要努力留下来，匹配其工作内容。对于普通高等院校的学生，我们面对的二本和三本的都比较多，他们在工作上的积极性、吃苦耐劳方面，以及额外工作的接受度上，普遍来说还是偏低的。

笔者：你认为高等职业教育毕业生未来职业发展如何？

其实对于公司来讲，没有什么太大区别，我这有两个中层的主管，他们都是高等职业教育毕业的。他们有丰富的经历，愿意带团队，愿意牺牲自己更多的时间来换取更高的收入，而且他们有责任感，就是弯得下腰、捞得起袖子，他们愿意做事。所以我们看来，高等职业教育和普通高等教育毕业生在未来职业发展上是没有区别的。

访谈对象2：某大型企业部门经理，男，38岁，硕士研究生毕业。

笔者：你所在公司目前经营情况是什么样的？

我们公司属于民航业，目前受疫情影响处于严重亏损期。在没有疫情的情况下，利润率也只有3%左右，我们营业额很大，但其实利润很低。我们公司的员工有1万多人，主要分为在编的和不在编的。

笔者：你所在公司经营情况在行业中所处位置情况是什么样的？

我们公司的经营情况在业内属于中等水平，整个民航业没有多少家公司，大家都差不多。当然有国有和民营之分，但是整体而言，民航业平均利润率在1%~5%。

笔者：你所在公司近三年有没有招聘高等职业教育毕业生？

有啊，与民航相关专业的高职毕业生，我们每年几乎都在招聘，但是高等职业教育的毕业生进了公司，都是没有编制，属于蓝天工。如果转正，必须要本科学历、4级英语，或者工作15年以上，且业绩良好。

笔者：什么是蓝天工，对于你们企业来讲，编制很重要吗？

蓝天工就是我们委托第三方人力资源公司招聘进来的，这个公司简称蓝天，所以我们把没有编制的人都称为蓝天工。编制很重要，有编制才有身份嘛，有编制才有归属感，尤其对于蓝天工来讲，他们都渴望有编制。没有编制是没有上升空间的，只能做一般的员工。

笔者：你所在公司近三年招聘人员中，高等职业教育毕业生与普通高等教育毕业生在数量分布上是什么样的？

高等职业教育的毕业生，我们招聘的还是挺多的，高职毕业生与普通高等院校毕业生的比例大概是2：1，但是高职毕业生流动性很大，辞职率较高。他们没有编制，所以没有归属感，也没有发展空间，很多选择辞职。从蓝天工转为正式员工非常困难，成功的比例非常小。

笔者：你所在公司近三年招聘人员中，高等职业教育毕业生与普通高等教育毕业生在初始岗位安排上是什么样的？

高职的毕业生一般都是服务一线岗位，比如空乘、空保、电话客服、机场地面服务、机务一线等岗位，这些岗位没有太多的技术要求，同时不需要太多的知识储备。普通高等院校的毕业生一般在营销、人力、财务等总部职能部门，签派类的专业部门等，这些岗位在知识储备或者技术精专等方面要求多。

笔者：你所在公司高等职业教育毕业生与普通高等教育毕业生在职业发展上有何不同？

非常不同，高职毕业生从非正式工到合同制员工，是非常大的跨越，因为条件是规定了的，你想达到太难了，能走到管理岗位的更是凤毛麟角。他们更多的是长期在一线服务部门工作。

笔者：你所在公司近三年招聘人员中，高等职业教育毕业生与普通高等教育毕业生在初始待遇上有何不同？

除了用工性质不同之外，他们之间待遇相差非常大，一般而言，高等职业院校毕业生要比普通高等院校毕业生的工资大概低30％，而且在社保、公积金、年金等方面跟正式员工相差很大。

笔者：同样的条件下，你更愿意选择哪种类型的毕业生？

根据岗位工作需要选择，有些岗位如电话客服、机场地面服务人员等，我们宁愿选择高职的学生，他们比较踏实、稳定，对自己的定位比较低。但是在营销、销售、人力、财务等职能部门，我们宁愿选择普通高等院校毕业生，而且需要双一流学校、民航类学校毕业生或者有留学经历的人。

笔者：你认为高等职业教育毕业生在就业市场中所处的位置是什么样的？

我觉得处于弱势地位，很多优秀国企、外企在招聘时，本科是基础条件，即便高职毕业生进入公司，如果想进一步成为正式员工，或者晋升，都非常难。没办法，毕业院校、学历是很多公司招聘的基本要求。

笔者：你认为公司招聘高等职业教育毕业生主要是因为什么？

我们主要是从用工成本低的角度考虑的，另外有些岗位，就是前面说到的，比如话务员、地面服务人员这些岗位，只有高职毕业生才能踏实、认真地在这个岗位上做下去。

笔者：你认为高等职业教育毕业生在工作中表现如何？

高等职业教育毕业生大部分表现踏实、认真。他们一般都是从事一线服务型、低级技术性岗位，总体来讲，他们对自身定位比较低，职业期望度不高。

笔者：你认为高等职业教育毕业生未来职业发展如何？

高职毕业生大多在就业初期起点低、比较努力，偶尔有能通过自身努力跨越职业门槛的。但是这种比例相对于本科生来讲，要小得多。以我公司为例，高职毕业生在干部中所占的比例低于1%，尤其是中青年干部几乎都是本科以上学历。

访谈对象3：成都某高职院校辅导员，女，34岁，教育学硕士研究生。

笔者：你认为我国教育体系是什么样的？

我觉得分为基础教育和高等教育。

笔者：你认为我国职业教育包括哪些？

我认为从层次上分为中等职业教育和高等职业教育，当然也可以从专业上划分，那就非常多了，比如，会计等操作性比较强的。

笔者：你认为高等职业教育应该属于哪个类型？

高等职业教育既属于高等教育又属于职业教育。我现在跟你说的都是学校教育，没有包括企业里的职业培训或者职业教育。

笔者：你认为高等职业教育和企业里的职业教育有什么区别？

学校会有理论打基础，然后再教你去实践。企业基本上就是定岗培训，师傅一对一的形式来教，学校的顶岗实习就是两者之间的过渡。

笔者：你为什么选择高等职业教育任教？

怎么说呢，我本来就想当老师，在所有的教育阶段中，比起中小学，我更想当大学老师，可能是由于大学老师更自由，面对的学生年龄段更大些，所以我更偏向于高等教育。就业时，我投了普通高等院校的简历，也投了高等职业院校。我当年投了四川大学，几乎所有条件都满足，除了对本科毕业院校要求是"211"。当时高等职业院校的招聘要求更低一点，所以我就选择了高等职业教育。

笔者：你认为高等职业教育与普通高等教育在教师的选拔上有什么区别？

普通高等教育选拔要求更高，包括学历背景、各种证书、发表的论文、参研的课题等科研方面的要求。

笔者：你认为高等职业教育与普通高等教育在教师的待遇上有什么区别？

我没有在普通高等院校待过，我不太清楚。但是听说有的普通高等院校待遇并不比我们好，当然也有比我们好的，所以很难去比较。

笔者：你认为高等职业教育与普通高等教育在教师的考核上有什么区别？

普通高等院校对教师的考核侧重论文、课题等科研方面；高等职业院校对教师的考核侧重各种学生技能大赛、教师教学比赛等方面的成绩。

笔者：你认为高等职业教育与普通高等教育的教师在主要工作内容上有什么区别？

普通高等院校学生的学习主动性较好，所以辅导员老师的工作重心肯定不在培养学生习惯上。但是高等职业院校学生的学习习惯相对较差，我并不是说他们情商或者智商低，事实上他们并不低，所以我在工作中会用很多的时间和精力来管理学生的学习。

笔者：你认为高等职业教育与普通高等教育的教师在社会地位上有什么区别？

不得不承认，当别人知道你是高等职业院校老师时，会认为你的学历、能力等各方面都不如普通高等院校的老师，他们可能会认为，高等职业院校的学生不如普通高等院校的学生，所以高等职业院校老师也不如普通高等院校的老师。他们没有当着我说出来，但是我自己感觉是这样的。

笔者：你认为高等职业教育的教师现实中处于什么样的社会地位？

作为教师，肯定是受别人羡慕和尊重的，但是当听说你是职业教育的老师时，会对你的羡慕，也许是认可，对你的认可打个折扣。

笔者：你理想的高等职业教育的教师应该处于什么样的社会地位？

我觉得高等职业教育的教师也是教师呀，不应该加以区分。另外能进高等教育的教师都是很优秀的，不应该去给高等职业教育的教师打折，我们都是带着教育的梦想来从事教育事业，不管是什么原因，我喜欢和学生在一起，喜欢看着学生成长。其实当初我们能选择的职业很多，但是我们最终选择了高等职业教育，我希望我们高等职业教育应该和普通高等职业教育的教师有一样的社会认可，就是大家对我们的心理认可。

后 记

回想攻读博士学位期间的学习和生活，我感慨万千、激动不已。曾经，我有着轻松自由的工作，有着温馨幸福、丰富多彩的生活。但是，同很多人一样，我也怀揣着梦想。为了实现多年的梦想，我选择了继续攻读博士学位的道路。一晃5年过去了，我的研究成果到了封篇之际，我感慨万千、激动不已。读博期间，我深深体会了磨难与艰辛、成功与喜悦、煎熬与坚持。虽然经历了很多不易与苦楚，但是我从来没有后悔选择这条路，我找到了一条通向我灵魂深处的路径，它涤荡了我的灵魂，触摸了我的心灵，启迪了我的智慧，关爱了我的生命。在探寻之路上，我从来没有孤单过，因为有很多人同站在这片蓝天之下，默默指导我、鼓励我、帮助我、关心我。这份真情我铭记于心，用心守护，这是我生命中重要的财富。

首先要感谢的是我的恩师巴登尼玛教授。在学习期间，我有过研究思路和方向的迷茫，有过痛彻肺腑的失败感，甚至有过发自内心的哭泣。迷茫时，恩师不厌其烦，一遍又一遍地用他的智慧引导我进入更深的学术思考；失败时，恩师耐心细腻，采用各种方法和途径鼓励我重拾信心与希望；哭泣时，恩师循循善诱，巧妙地引导我释放情绪，使我快速、理性且冷静地继续投入研究。恩师严谨的治学态度和治学方法，以及对于学术事业的忠诚追求，让我终身受益。恩师高尚的道德情操也是我终身学习的楷模，恩师宽广的胸怀、深厚的学术造诣和慈爱之心唤醒了我对高等职业教育的人文情怀，我的研究成果贯穿着恩师的智慧和学术思想。

感谢李松林教授、郑富兴教授、鄢超云教授、傅林教授、张建琼教授、卢德生教授等诸位先生，每每聆听他们的教导或学术报告，心灵都为之震撼。各位先生的学术思想也滋养了我，各位先生作为教育学者特有的和蔼、宽容和善良也深深感染着我。

感谢同门师姐周菲博士后、刘冲博士、李久军博士、毛道生博士、沈剑锋博士、徐燕刚博士、付春梅博士、颜佳博士、罗绒曲批博士、李娜博士、高祥博士、高茜博士、何其博士、拥忠博士等，在恩师每周组织的读书会上，他们针对我的研究毫无保留，或提供研究思路，或提供理论资源的支持，或关照研究方法的选择，或探讨切磋学术问题，让我深刻体会到情同手足的深刻意义。

感谢同窗学友李宜芯博士、岳定权博士、刘洁博士、马波博士、李沿知博士、曾军博士、张子照博士、田兴江博士、费比博士、朱雨时博士、郭强博士等。在读博期间，他们的每一句问候、每一次切磋、每一条建议，或在电话里，或是在微信群里，或在川师的资料室里，都洋溢着同学的深深情意。

感谢我的爱人王洪明先生，在我读博学习的生涯中，他从繁忙的工作中挤出时间照顾家庭，容忍我"离夫别子"，保证我每天充足的学习时间和空间。爱子国祎，每每和玩伴提起妈妈为什么没来，他都骄傲地告诉大家，妈妈在忙着读博，让我感到作为一名"博士"母亲的荣耀与责任，也给予我面对困难始终坚定走下去的勇气。感谢我年迈的父亲和母亲，在无暇顾及家庭的日子里，他们替我分担家务和教育幼子。感谢我的哥哥、嫂嫂和妹妹，代我料理老家一切纷扰之事，代我孝敬和照顾长辈之劳。

感谢我所在单位四川国际标榜职业学院和成都职业技术学院的领导，以及曾经关心我学习的所有同事。我的研究最原初的思想源泉来自我所在单位的工作，源于对工作的思考，源于对工作的热爱，源于对教育的情怀。

2021 年 12 月 16 日于寒舍